会社別就活ハンドブックシリーズ

2025

博報堂 DY の
就活ハンドブック

就職活動研究会 編
JOB HUNTING BOOK

は じ め に

　2021年春の採用から，1953年以来続いてきた，経団連（日本経済団体連合会）の加盟企業を中心にした「就活に関するさまざまな規定事項」の規定が，事実上廃止されました。それまで卒業・修了年度に入る直前の3月以降になり，面接などの選考は6月であったものが，学生と企業の双方が活動を本格化させる時期が大幅にはやまることになりました。この動きは2022年春そして2023年春へと続いております。

　また新型コロナウイルス感染者の増加を受け，新卒採用の活動に対してオンラインによる説明会や選考を導入した企業が急速に増加しました。採用環境が大きく変化したことにより，どのような場面でも対応できる柔軟性，また非接触による仕事の増加により，傾聴力というものが新たに求められるようになりました。

　『会社別就職ハンドブックシリーズ』は，いわゆる「就活生向け人気企業ランキング」を中心に，当社が独自にセレクトした上場している一流・優良企業の就活対策本です。面接で聞かれた質問にはじまり，業界の最新情報，さらには上場企業の株主向け公開情報である有価証券報告書の分析など，企業の多角的な判断・研究材料をふんだんに盛り込みました。加えて，地方の優良といわれている企業もラインナップしています。

　思い込みや憧れだけをもってやみくもに受けるのではなく，必要な情報を収集し，冷静に対象企業を分析し，エントリーシート作成やそれに続く面接試験に臨んでいただければと思います。本書が，その一助となれば幸いです。

　この本を手に取られた方が，志望企業の内定を得て，輝かしい社会人生活のスタートを切っていただけるよう，心より祈念いたします。

就職活動研究会

Contents

第1章

博報堂DYの会社概況

会社によって選考方法は千差万別。面接で問われる内容や採用スケジュールもバラバラだ。採用試験ひとつとってみても，その会社の社風が表れていると言っていいだろう。ここでは募集要項や面接内容について過去の事例を収録している。

また，志望する会社を数字の面からも多角的に研究することを心がけたい。

✔ グループポリシー

私たちは、設立以来、基本的なグループポリシーとして、「生活者発想」と「パートナー主義」の2つを掲げています。

「生活者発想」

博報堂DYグループの発想の原点。人々を単に「消費者」として捉えるのではなく、多様化した社会の中で主体性を持って生きる「生活者」として捉え、深く洞察することから新しい価値を創造していこうという考え方。生活者を誰よりも深く知っているからこそ、広告主と生活者、さらにはメディアとの架け橋をつくれるのだと考えます。

「パートナー主義」

博報堂DYグループのビジネスの原点。常に生活者視点に立ち、広告主・媒体社のビジネスを共に見つめ、語り合い、行動することからソリューションを提供していこうという考え方。パートナーとして広告主・媒体社と長期的な関係を築き、継続性のある一貫したソリューションを提供していくことを常に目指しています。

これからの時代、私たちはこのポリシーに新たなイノベーションを起こす時を迎えていると考えます。

広告主との間では、マーケティングソリューション全領域においてビジネス価値の向上を共に目指すパートナーとして。

媒体社やコンテンツホルダーとの間では、多様化するメディアやコンテンツの価値向上を共に目指すパートナーとして。

私たちは生活者発想とパートナー主義のイノベーションを通して、質の高いワンランク上のサービスを提供してまいります。

✔ 会社データ

事業内容	広告主等に対しマーケティング・コミュニケーションサービス全般の提供を行う子会社の経営管理等
本社所在地	〒107-6320 東京都港区赤坂5丁目3番1号 赤坂Bizタワー
設立	2003年10月1日
資本金	107億円（2022年3月31日現在）
発行済株式数	389,559,436（2022年3月31日現在）
従業員数	150名　※連結28,836名（2023年9月30日現在）
決算期	3月31日
上場取引所	東京証券取引所プライム市場（コード番号 2433）

✔ 仕事内容

マーケティング

デジタル化が加速し、あらゆるものがデータ化される現在、"マーケティング"の範疇や方法論も劇的に変化しています。博報堂はクライアントのマーケティングパートナーとして、最新テクノロジーや膨大なデータを扱うノウハウと、長年培ってきた生活者洞察力とクリエイティビティを発揮して、クライアント企業のマーケティングの変革から実行まで支援します。

マーケティング・マネジメント

デジタル化の加速に伴い、経営の最重要課題となっているマーケティングを進化させるソリューションやナレッジで、マーケティング・マネジメントの実践をお手伝いいたします。

"生活者データ・ドリブン" フルファネルマーケティング

これまで強みとしてきた広告やプロモーションなどのマーケティングコミュニケーション領域に加え、人材サービスや店頭戦略、CRM といったマーケティング実践領域までを含む「フルファネル型のマーケティング」の提供を、博報堂ＤＹメディアパートナーズや博報堂プロダクツなど博報堂ＤＹグループで連携し推進しています。

マーケティングコンサルティング

顧客体験設計、サービス／プロダクトデザイン、マーケティング戦略設計、顧客基盤・システム設計などの多様なマーケティング課題に対し、戦略から実行までを統合的に支援するコンサルティングを提供します。

グローバル生活者マーケティング

「生活者発想」をベースにしたインサイト分析をはじめ、統合マーケティング視点でのソリューション提供、戦略立案をサポート。コンサルティング領域からコミュニケーション領域まで、国内と同じ高品質＆一貫した対応でクライアントのニーズに応えます。

生活者発想に基づくソリューション開発

生活者をより深く知ることで、企業と生活者、社会との架け橋をつくる。生活者のインサイトを掘り起こすことで生まれた発想が、新しいマーケティング

サービスやソリューションを生み出しています。

クリエイティブ

価値観が多様化し情報があふれる現代において、生活者の心を動かすためには、現代の生活者に対する深い洞察力と新たなビジネスへの対応力が必要です。博報堂は世界をリードする圧倒的なクリエイティブ力によるメディア表現、デザイン、映像などの多彩なアウトプットに加え、クライアントの経営課題をともに解決する今までにないクリエイティブも生み出していきます。

アクティベーション

5G や IoT といったテクノロジーの進化によって、生活者との接点は、店頭、イベントなどの場から Web や SNS に広がり、さらには生活のあらゆる場面までもが新たなインターフェースになろうとしています。生活者行動データとテクノロジーを活用し、生活者のリアルとデジタルの体験を統合した UI/UX の設計・開発を支援します。

PR

組織のすべての活動が世の中へのメッセージとなり、SNS の普及で生活者の情報発信力が高まる現在、PR の重要性は一層高まっています。博報堂は、メディア・有識者・インフルエンサー・生活者など、多様な立場に対する深い理解をもとに、レピュテーションを維持・向上させる「マーケティング視点でのPR」をご提供します。さらには、高度な専門性が必要かつ、現在の企業活動に欠かせない SDGs ／ ESG 対応・トップ対応・リスクマネジメント・合意形成など、「コーポレート視点での PR」もサポートいたします。

マーケティング PR

商品やサービスのローンチ、定番商品の再活性化、話題作りなど、ブランドそのものを"社会ごと化"させるストーリー戦略を構築します。ファクトに基づくストーリー開発、具現化へのアクション、情報シナリオ（情報流）の設計、ソーシャルを含む多面的な発信などをプラニングし、サポートいたします。

コーポレート PR

企業や組織のコーポレート領域にある諸課題を、社会や経済トレンドを加味し

た独自の情報分析に基づいたプラニングとソリューションでサポートしていきます。高度な専門性が必要なコーポレート・テーマ（SDGs/ESG対応・トップ対応・リスクマネジメント・合意形成等）の戦略・戦術をサポートいたします。

コンサルティング

テクノロジーの進化とグローバル化が加速する現代において、企業を取り巻く課題はますます複雑化し、企業経営は大胆かつスピード感を伴った変革が求められています。幅広い業種業界とのビジネスで培った市場への知見とクリエイティビティによってクライアントの経営課題・マーケティング課題の最適解を導き出し、戦略策定から最終的な実施までワンストップのコンサルティングをご提供いたします。

事業開発／イノベーション

デジタル化の進展により社会や市場構造が大きく変革する時代、これからの社会に必要とされる新規ビジネスを生み出すには、自らの既存事業や業種業界にとらわれない発想が求められます。博報堂のクリエイティビティとプロジェクトデザイン力で、クライアントのイノベーションを発想から実装までサポートいたします。また、博報堂がリーダーシップをとってさまざまなパートナーとチームを組み、未来のサービスや事業を創造する取り組みも行っています。

メディア & コンテンツ

生活者のメディア接触行動は年々多様化し、時間や場所にとらわれずコンテンツを楽しむ生活者も増えています。博報堂ＤＹグループの総合メディア事業会社「博報堂ＤＹメディアパートナーズ」と連携し、生活者と最新のメディア環境を見据えて、クライアントのコミュニケーション効果を最大化するメディア・コンテンツサービスをご提供しています。

博報堂は、博報堂ＤＹメディアパートナーズと連携し、最適な課題解決力をもってメディアおよびコンテンツビジネスをご提供いたします。

博報堂ＤＹメディアパートナーズは、博報堂・大広・読売広告社の３広告会社のメディア機能を統合して設立された、「総合メディア事業会社」です。プラニング、プロデュース、バイイング、ナレッジ、トラフィックを主要な機能として、コミュニケーション効果を最大化するサービスを提案しています。新

しいメディア価値を創造し、「メディア効果」をデザインすることが博報堂Ｄ
Ｙメディアパートナーズの目指すメディア＆コンテンツビジネスです。

デジタル化の波によって大きく変化した、生活者のメディア接触行動やコミュ
ニケーションビジネスにも、媒体社やコンテンツホルダーのパートナーとして
対応し、その価値向上に取り組んでいます。そしてクライアントの課題に付加
価値の高いビジネスを提案することで、新しいコミュニケーションの市場を
創っています。

テクノロジー・Ｒ＆Ｄ

ビッグデータの時代、蓄積された膨大なデータを読み解き、新たな取り組みへ
と活かす発想力が重要となっています。博報堂はデータアナリティクスの専門
組織・専門家を擁して、最先端のデータドリブンマーケティングをクライアン
トにご提供しています。また生活者発想の原点ともなる、生活者の声や行動を
捉えた定性・定量調査やエスノグラフィ調査などの手法も多数保有し、課題に
応じてご提供しています。

デジタル

デジタル化の進展により、生活者のリアルタイムの行動から購買の前提となる
意識や価値観に至るまで把握が可能となり、従来のマーケティング文脈では捉
えきれない新たな課題が生まれています。博報堂は、新しいステージに入った
クライアントのデータ・ドリブンマーケティング競争にイニシアティブを持っ
て対応できる体制を整えています。また、生活者とのコミュニケーションもリ
アル空間だけではなくメタバース空間にまで広がり、革新を続けています。生
活者の気持ちを動かし、行動を触発するクリエイティブやプロモーション等、
統合的なデジタルソリューションをご提供いたします。

博報堂は、これまで強みとしてきた広告やプロモーションなどのマーケティン
グコミュニケーション領域に加え、人材サービスや店頭戦略、CRM といった
マーケティング実践領域までを含む「フルファネル型のマーケティング」の提
供を、博報堂ＤＹメディアパートナーズや博報堂プロダクツなど博報堂ＤＹグ
ループで連携し推進しています。

生活者インターフェース市場が拡大し、企業と生活者がさまざまな接点で常時
接続するようになる中、生活者データをもとに、クライアント企業のあらゆる

マーケティング活動を一気通貫で支援します。

グローバル

博報堂グループは海外においても、責任あるパートナーとしてクライアントをサポートします。我々のソリューションは、海外18の国と地域・100を超えるオフィスを通じ、グローバル事業展開をしているクライアントへと提供され、高い評価を受けています。現在、現地採用スタッフを含み、5,000人を超えるスペシャリストが、世界各地でその力を発揮しています。

現在、アジアは世界の成長のセンターであり、博報堂グループでも1973年に初の海外拠点を設立以来、体制強化を進めています。

中国本土の北京、上海、広州、武漢、長沙だけでなく、台北や香港にも多数のオフィスを置いています。また、近年、M&Aを通じて、タイ、ベトナム、インドネシア、インドなどを中心に、デジタル・アクティベーション領域のサービスを拡大しています。

フィロソフィーである「生活者発想」を具現化する博報堂生活総合研究所のグローバル化も進んでいます。2012年、中国・上海に「博報堂生活綜研（上海）」、2014年、タイ・バンコクに「博報堂生活総研アセアン」を設立いたしました。

多様化・複雑化する中国・アセアンの生活者のニーズを、現地に根ざしながら調査・分析し、生活者の意識、価値観の変化を把握しています。日本だけでなく、アジア全体の生活者の未来を洞察することで、生活者の新たな視点や価値を創出し、アジアに進出する日本のクライアント及び現地企業のマーケティング活動支援をより強固なものにいたします。

株式会社 博報堂／株式会社 博報堂ＤＹメディアパートナーズ

募集職種	【博報堂】 総合職（ビジネスプロデュース、ストラテジックプラニング、クリエイティブ、PRなど） 【博報堂ＤＹメディアパートナーズ】 総合職（メディアプロデュース、コンテンツプロデュース、メディアプラニングなど）
応募資格	2020年4月〜2024年3月に4年制大学または大学院を卒業・修了見込みであり、就業経験のないこと。（国籍不問）
初任給	2021年度実績　年俸制3,600,000円＋超過勤務手当＋業績賞与（年1回：次年度の6月末支給予定）
昇給	年1回
賞与	年1回
勤務地	本社ならびに国内外いずれかの事業所
勤務時間	9:30〜17:30
休日休暇	休日：完全週休2日制（土・日）、祝日、年末年始（12月29日〜1月3日） 休暇：年次有給休暇／勤務年数に応じ20日〜30日（ただし初年度は17日）
福利厚生	フリーバカンス（年2回／連続5日間の休暇制度）、育児・介護休暇制度、配偶者海外転勤同行休職制度、各種社会保険制度、企業年金制度、各種施設（軽井沢クラブ／保養所／診療所／その他各地に契約施設）など

大広

応募資格	＜国内の大学＞ ・2024年3月までに卒業見込みの4年制（6年制含む）大学生または大学院生 ・既卒者可 ＜海外の大学＞ ・2024年3月までに卒業見込みの4年制（6年制含む）大学生または大学院生 ・既卒者可 ※国内・海外の大学ともに、学部・学科・専攻不問
募集職種	①【大広／大広ＷＥＤＯ】総合職 ※大広に入社後、大広／大広ＷＥＤＯのすべての部署が初任配属対象となります。 ②【大広ＷＥＤＯ】総合職 ※特に専門性を有する人材を採用します。学生時代に学内外を問わず、コピーやデザイン、WEB制作や映像制作などについて学ばれたり活動をしてきている方。 ※ポートフォリオの提出が必須となります。 ※大広ＷＥＤＯに入社後、大広ＷＥＤＯのクリエイティブ系部署が初任配属対象となります。初任配属後は、総合職として、他部署への異動の可能性があります。
勤務地	東京、大阪、名古屋など国内外の各事業所（グループ会社および海外現地法人含む） ※①【大広／大広ＷＥＤＯ】総合職、②【大広ＷＥＤＯ】総合職ともに共通
初任給	①【大広／大広ＷＥＤＯ】総合職　月給234,600円 ②【大広ＷＥＤＯ】総合職　月給209,700円〜（本人のクリエイティブ技能・経験に基づき、初任給を提示いたします） ※学部卒、院卒、既卒に関わらず同一
諸手当	時間外手当、裁量手当、地域手当（東京地区）、通勤費全額支給、在宅勤務手当　他 ※①【大広／大広ＷＥＤＯ】総合職、②【大広ＷＥＤＯ】総合職ともに共通
賞与・給与改定	年1回（6月） ※①【大広／大広ＷＥＤＯ】総合職、②【大広ＷＥＤＯ】総合職ともに共通
勤務時間	9：30 〜 17：30 ※入社2年目よりフレックスタイム制適用 ※①【大広／大広ＷＥＤＯ】総合職、②【大広ＷＥＤＯ】総合職ともに共通

休日・休暇	完全週休2日制（土・日）、祝日、年末年始（12月29日から1月4日）年次有給休暇、リフレッシュ休暇（5日）、慶弔休暇等その他各種特別休暇　他 ※①【大広／大広WEDO】総合職、②【大広WEDO】総合職ともに共通
キャリアアップ支援・施策	成長活動ファンド、資格取得補助制度、みんなのキャリア相談室、FA制度 ※①【大広／大広WEDO】総合職、②【大広WEDO】総合職ともに共通
福利厚生	制度：従業員持株会、社内融資制度、財形貯蓄制度、育休産休制度、各種社会保険、会員制福利厚生サービス、つなぐランチ制度、インフルエンザ予防接種補助、共済会など 施設：診療所（東京本社・大阪本社）、契約宿泊施設・保養所、会員制スポーツ施設など 補助：文化・体育サークル支援制度、リフレッシュ手当、慶弔見舞金、創立記念日（3月1日）酒肴料 ※①【大広／大広WEDO】総合職、②【大広WEDO】総合職ともに共通

読売広告社

募集職種	総合職　※職種別採用は行っておりません。
初任給	月給250,000円（2023年度実績）
昇給	年1回
待遇	賞与年1回（夏季）、時間外手当、通勤費全額支給
勤務地	本社（東京）、および国内事業所（仙台、名古屋、大阪、広島、福岡）、海外事業所
勤務時間	9時30分～17時30分（実働7時間）
福利厚生	社会保険完備（健康保険、厚生年金保険、雇用保険、労災保険）、保養所施設、マッサージルーム、レジャー施設割引、社員持株会　他

✔2023 年の重要ニュース（出典：日本経済新聞）

■博報堂 DYHD、企業向けに「フォートナイト」への出店支援（5/9）

博報堂 DY ホールディングス（HD）は企業向けに人気オンラインゲーム「フォートナイト」への出店支援を始めた。これまで仮想空間「メタバース」への看板の出稿などを展開してきたが、若い世代に人気のあるオンラインゲームで広告活動したい企業向けにサービスの幅を広げる。

傘下のデジタル・アドバタイジング・コンソーシアム（DAC、東京・渋谷）が4月に、ゲーム空間での建物整備など制作ノウハウを持つ NEIGHBOR（ネイバー、東京・千代田）と提携した。米エピックゲームズが展開するフォートナイトの中に、企業が仮想店舗を出店する際の支援などで協力する。

フォートナイトは戦闘や建物の建築など幅広い楽しみ方ができ、若い世代を中心に世界で利用者が増えている。ゲーム内でイベントを開いたり店舗を出したりするなど、企業が広告活動を展開できるメタバースとしても注目されている。DAC は 2022 年秋から企業向けにゲーム以外のメタバースでの看板出稿などを手掛けており、メニューを広げる。

DAC はメタバース内に出店した店舗への来訪者数や SNS（交流サイト）への投稿数、関連商品の売れ行きなどから広告効果を測定するサービスも展開している。28 年までにメタバース関連で 100 億円規模の売り上げを目指す。電通グループも 22 年 7 月にメタバース関連の技術を持つスタートアップに追加出資するなど、広告大手はメタバース市場への取り組みを強化している。

■博報堂 DYHD、社員 300 人にチャット GPT 教育（5/11）

博報堂 DY ホールディングス（HD）は完全子会社の博報堂テクノロジーズ（東京・港）のエンジニアなど 300 人を対象に、対話型の人工知能（AI）「Chat（チャット）GPT」を活用するための教育を始める。AI に対する効果的な指示の出し方など約 30 時間の研修を実施して人材を育成し、マーケティングへの活用に向けた基盤を整える。

11 日に「チャット GPT ソリューション開発推進室」を新設する。マーケティングや業務効率化にチャット GPT と米マイクロソフトのオープン AI「Azure OpenAI Service」の活用を目指す。

博報堂 DYHD の安藤元博執行役常務執行役員兼最高技術責任者（CTO）は「どのような形で事業化できるか検討していきたい」と話す。来年度には累計 1000

人を、チャット GPT を活用できる人材に育てる計画だ。

■博報堂 DYHD、メタバース新会社　仮想店舗の制作支援 (8/2)

　博報堂 DY ホールディングス（HD）は企業向けに仮想空間「メタバース」での販促支援を手掛ける新会社「ARROVA」（アローバ、東京・渋谷）を設立した。1 日から営業を開始し、人気オンラインゲーム「フォートナイト」などメタバース内の広告・店舗の制作を請け負う。

　博報堂 DYHD は傘下のデジタル・アドバタイジング・コンソーシアム（DAC、東京・渋谷）を通じて、メタバースでの販促支援を手掛けてきた。新会社のアローバは DAC の 100% 子会社で、この事業を引き継ぐ。

　アローバはゲーム空間での建物整備などの制作ノウハウを持つ NEIGHBOR（ネイバー、東京・千代田）と提携しており、世界観に合わせた広告の制作に強みを持つ。2028 年 3 月末までに最大 100 億円の売上高を目指す。

■博報堂 DYHD、社員アバターが自身のエクササイズ指導（10/10）

　自分の分身キャラクター（アバター）を使って健康指導──。博報堂 DY ホールディングス（HD）が傘下の 2 社とこんな取り組みを従業員向けに始めた。理想の体形のアバターの動画を見られるようにして、体重管理への意識などを高めてもらう狙いだ。

　従業員は、証明写真機のようなボックス型のスキャン機に入ってボタンを押す。すると、40 台のカメラが全身のデータを収集し、20 秒でアバターが生成される。

　今回、博報堂 DYHD は出資先の VRC（八王子市）の技術を活用した。博報堂 DY メディアパートナーズ（MP）と博報堂を合わせた 3 社の従業員約 4800 人のうち希望する約 1300 人のアバターを健康診断の会場で生成したという。

　アバターは社内サイト上で確認できる。現状の姿だけでなく、太った「サボっちゃった自分」と「理想の自分」も表示して健康改善の意欲を高める。12 月からは理想の自分が 30 秒程度のエクササイズの手本をみせる動画も用意。尿酸値や血糖値、メタボなどの改善につなげてもらう。

　博報堂 DYHD はエンターテインメントの要素を取り入れた健康改善プログラム「健診戦」を 2019 年に開発し、外販している。健康診断の結果を去年の数値とグラフで比較したり、健康状態の社内順位が分かるようにしたりして、自分の体に関心をもってもらう仕組み。20 年にテスト導入した味の素など、複数の企業が採用している。アバターについても将来、健康経営のツールとして外販したい考えだ。

✔2022年の重要ニュース (出典：日本経済新聞)

■博報堂DY、AIが瞳の動きを予測　動画広告制作に（2/8）

　博報堂DYホールディングス（HD）は、人工知能（AI）が瞳の動きを予測する技術を動画広告の制作に活用する。広告効果の向上を狙う。動画広告市場が広がる中、制作部分の競争力を高める。

　博報堂DYHDが用いるのは、視聴者が動画広告の中のタレントや文章、商品画像など、どの要素に注目するかを予測する技術。動画広告の視聴者の瞳の動きを追う「アイトラッキング」のデータをAIに学習させ、目の動きを予測できるようにした。

　予測技術を用いて制作した動画広告は、用いていない動画広告に比べ、広告放映後のインターネットでの商品の検索数が4割程度上昇したという。

　予測ツールは博報堂DYHD傘下のアイレップ（東京・渋谷）が開発した。利用によって顧客に追加の料金は発生しない。消費者に伝えたい要素にもかかわらず、視聴者の注目を引いていない場合は撮影や編集をやり直す。

　サイバーエージェントの調査によると、2021年の国内のインターネットでの動画広告市場は20年比42％増の4205億円だった。25年には1兆円を超える見通し。

■博報堂系がメタバース広告販売　国内初、ゲーム空間で（5/24）

　博報堂DYホールディングス（HD）は巨大な仮想空間「メタバース」向けの広告販売事業に参入する。世界有数のオンラインゲーム内で表示する広告の掲載枠を、国内企業向けに販売する。メタバース向け広告販売の事業化は国内初。多くの人が参加し急成長が見込まれるなか、広告の分野でも市場が広がりそうだ。

　傘下のデジタル・アドバタイジング・コンソーシアム（DAC）が、1日約5000万人が訪れる米オンラインゲーム「Roblox（ロブロックス）」の仮想空間内の広告枠を販売する。広告主はゲーム内の建造物や看板などに静止画や動画の広告を掲示できる。

　看板の前を通るユーザーの属性に応じて表示する広告を変えることなどが可能だ。広告主の商品を3次元（3D）のCG（コンピューターグラフィックス）にして仮想空間で体験してもらうなど、新たな広告表現の開発にも取り組む。

　世界中から数千万～数億人規模のユーザーが参加するゲームの仮想空間のなかで、ロブロックスは広告枠の販売で先行している。既にウォルト・ディズニーや

ナイキ、ユニバーサル・ピクチャーズなど米大手企業が広告を掲載し始めている。

■ YouTuber 抱える UUUM と新会社　ライブで EC（8/9）

　博報堂 DY ホールディングス傘下の博報堂 DY メディアパートナーズ（DYMP、東京・港）がユーチューバーのマネジメントを手がける UUUM と合弁会社を設立する。ユーチューバーを活用し、ライブ配信で商品を販売する「ライブコマース」事業に本格参入する。2025 年にも 100 億円の売上高を目指す。

　新会社は 8 月末に設立する。博報堂 DYMP が 51％、UUUM が 49％ を出資する。UUUM がマネジメントする人気ユーチューバーをライブコマースの企画やキャスティングに生かす。テレビ番組との連携も進める。

　例えば、テレビドラマに登場する商品の CM を流し、人気ユーチューバーを起用したライブコマースに誘導する。若者を中心に広がる、スマートフォンを見ながらテレビを楽しむ「ダブルスクリーン視聴」を販促に生かす。UUUM の鎌田和樹会長は「インフルエンサーの未来を作るためにも、ライブコマースの取り組みは必要だと感じた」と話す。

　他にも、番組連動型の商品やユーチューブ視聴者の声を反映した商品を制作・販売する D2C（ダイレクト・ツー・コンシューマー）事業も展開する。ライブコマースや D2C 事業を通じて得たデータを生かし、データマーケティング関連事業も担う予定だ。

　2025 年にも売上高 100 億円を目指す。シンガポールや台湾など、日本の商品のニーズが高いアジア地域を中心とした海外展開も狙う。合弁会社で社長を務める博報堂 DYMP の山田覚取締役執行役員は「日本の商品・サービスへの信頼度は高い。アジア地域向けの戦略を強化して事業拡大を狙う」と話す。

■博報堂系、テレビ広告の価値向上へ研究開発組織（9/15）

　博報堂 DY ホールディングス傘下の博報堂 DY メディアパートナーズ（DYMP、東京・港）は 15 日、テレビ広告の価値向上に向けた取り組みを進める研究開発組織「TV AaaS Lab（テレビアースラボ）」を設立したと発表した。テレビ局の広告ビジネスの改善に向けた情報提供を担う。

　具体的にはウェブサイト上でテレビ局の広告ビジネスにおける好事例やテレビ広告に関わる業界関係者向けの調査、海外動向のリポートを配信する。担当者同士の座談会イベントなどの企画・運営も手掛ける。

　博報堂 DYMP は将来のテレビ CM の広告価値を高めるサービス「TV AaaS（テレビアース）」を提供しており、機能の拡充を続けている。

✔2021年の重要ニュース (出典：日本経済新聞)

■VR空間にイベント会場　博報堂DYが4月開設へ(2/17)

　博報堂DYホールディングス傘下の博報堂DYメディアパートナーズ（東京・港）はオンラインでセミナーや展示会を開催できる仮想現実（VR）空間上のイベント会場を4月に開設する。スマートフォンやパソコンを通じて利用でき、VRゴーグルや専用アプリは不要。来場者には電子チケットなどを発行して管理する。VRを活用したイベントを開催する企業が増えており、需要を取り込む。

　VR空間上のコンベンションセンター「VRADE（ブレイド）」を開設する。広告制作を手掛ける博報堂プロダクツ（東京・江東）のほか、VR技術などの開発に取り組むプレミアムアーツ（東京・港）、ブロックチェーン（分散台帳）の開発を手掛けるアーリーワークス（東京・台東）と協力した。

　スマホやパソコンなどのウェブブラウザを使って利用できる。来場者とイベント主催者は仮想空間上ではアバター（分身）として参加し、ボイスチャットで会話することが可能。通常のコンベンション施設と同様に、主催者は会場を選びイベント内容を設定して利用する。画面、資料共有などプレゼンテーションをする際に必要な機能も備えた。

　ブレイドでは電子ウォレット（財布）を使って来場者を管理する。イベントごとに電子チケットを発行し、主催者ごとに来場管理ができるようにする。ブロックチェーン技術を活用することで安全性を高め、ポイントやアイテムなどの設定も可能にした。

　博報堂DYメディアパートナーズなどはイベントの主催者や常設スペースの利用者を募集している。想定する会場利用料は仮想空間上で2500㎡相当のスペースが月500万円程度。4月には複数の出展企業がそろった会場を開く予定だ。

■博報堂、グループ横断でDX支援の新組織（4/5）

　博報堂は5日、博報堂DYホールディングスのグループ企業と企業のデジタルトランスフォーメーション（DX）をグループ横断で支援する新組織を設立したと発表した。広告を駆使した販促だけでなく、顧客データ基盤の構築など企業の事業全体を支える。2021年度に200社程度への支援を目指す。

　「HAKUHODO DX_UNITED」を設立した。博報堂と博報堂DYメディアパートナーズ（東京・港）、デジタル・アドバタイジング・コンソーシアム（DAC、東京・渋谷）のDX事業に携わる約700人の社員から構成される。

事業戦略の設計から店舗運営まで一気通貫で支援できる体制を整える。例えば、DACが持つネット広告のデータ基盤と企業の顧客データを組み合わせて新たな潜在顧客を探す施策を実施する。

小売りの店舗など、リアルな消費者と企業の接点の場もDX化を進める。企業と共同で消費者向けのアプリを開発し、実店舗へ来訪したデータと購買データを取得して広告に活用するなど企業のニーズに合わせてシステム開発から広告の運用まで一気通貫で支援する。

博報堂は新組織の設立にあたり、3年間で300人ほど採用も進める予定だ。AI（人工知能）や機械学習などに詳しい中途人材を中心に計画する。また、社内でも定期的な研修を実施してDX事業の体制を強化するという。

■博報堂、グループ横断でデジタル人材400人超採用へ（4/16）

博報堂は15日、グループ会社の博報堂DYメディアパートナーズとデジタル・アドバタイジング・コンソーシアム（DAC）と共に、デジタル人材のキャリア採用を始めたと発表した。複数年かけ400人超を採用する。

採用活動を始めたのは、広告クライアント企業のデジタルトランスフォーメーション（DX）をマーケティング面やメディア面から支援する3社横断組織「HAKUHODO DX_UNITED」である。博報堂などが定める「DX推進人材」を採用する。

同日から採用の第1弾として、同組織でメディアDXを所管する「博報堂デジタルイニシアティブ」にて、主に営業を担う「デジタルアカウントディレクター」と主に広告運用を担う「パフォーマンスメディアコンサルタント」募集を始めた。人数は合計で最大100人規模。3社で募集するが、本人の適性を考慮し3社のいずれかに入社する。

✔ 就活生情報

博報堂総合職 2019卒

エントリーシート

・形式：マイページ上で
・内容：学生時代に頑張ったこと，チャレンジしたこと，あなたが博報堂／博報堂DYメディアパートナーズでチャレンジしたいこと，あなたは一言で言うとどんなひとですか　等

筆記試験

・形式：Webテスト　科目：SPI（計数，言語，性格検査）

面接（個人・集団）

・回数：3回
・質問内容：オーソドックスな質問中心。エントリーシートを見ながら，なぜ広告業界を志望しているのかということや，入って何がしたいのかという質問が一番多かった

グループディスカッション

・テーマ：「渋滞をなくすには」
・初めに簡単な前提確認を済ませた後は具体的なターゲットなどに関して個人でしばらく考える。その後は考えたことを各々が発表し，また議論を進めていく

内定

・拘束や指示：定時期は6月上旬，承諾検討期間は特になし

● その他受験者からのアドバイス

・面接は，部屋の雰囲気と面接官の特徴から緊張せざるを得ないような気がします。ただ質問と反応自体は特に厳しい感じでもないので，緊張しまくっても損でしかないです。ここまで残ってきたことを自信として，堂々と振舞うことを意識しました

自己分析をしっかりと行ったり，第三者から自分を評価してもらったりすることが重要だと思います。頑張って下さい

博報堂総合職 2017卒

エントリーシート
・形式：採用ホームページから記入
・内容：志望動機，入社後やりたいこと，学生時代最も力を入れたことなど

セミナー
・選考とは無関係

筆記試験
・形式：Webテスト
・科目：英語／数学，算数／国語，漢字／性格テスト／一般教養・知識

面接（個人・集団）
・雰囲気：和やか
・回数：3回
・質問内容：学生時代がんばったこと，5年後10年後どうしたいのかなど

グループディスカッション
・内容：7～8人のグループでSNSによる広告の効果を高める施策をプレゼンテーションする

内定
・通知方法：電話

面接では優等生的な受け答えではなく，自分の本音を自分の言葉で伝えられるように努力しよう

博報堂総合職 2016卒

エントリーシート

・形式：ダウンロードして，プリントアウトして手書きで記入

セミナー

・選考とは無関係
・服装：リクルートスーツ

筆記試験

・形式：Webテスト
・科目：数学，国語など

面接（個人・集団）

・回数：3回

内定

・通知方法：電話

博報堂総合職 2014卒

エントリーシート
・形式：採用ホームページから記入
・内容：「学生時代に頑張ったこと」「博報堂でチャレンジしたいこと」「あなたはひとことで言うと何のエキスパートか，その理由についてエピソードを3つ」「世の中に流行を生み出すプラン（この設問のみはA4用紙に手書きし，面接時に持参）

セミナー
・記載無し

筆記試験
・記載無し

面接（個人・集団）
・雰囲気：和やか
・回数：2回
・質問内容：一次は1：1の個人面接を2回連続で実施。最終は1：3の個人面接だった。内容は，自己PR，志望動機，どんな広告が好きか，これからの広告について，どんな職種を希望しているか，どんな広告をつくりたいかなど

グループディスカッション
・内容：個人ワークは「携帯メールとSNS型メール，あなたはどっち派か」について，制限時間15分で用紙にまとめてプレゼンを行った。グループワークは「携帯に新しい機能をつけるには何がいいか」について，制限時間1時間でディスカッション

博報堂総合職 2013卒

エントリーシート

・形式：ダウンロードして，プリントアウトして手書きで記入
・内容「志望動機」「志望職種と当社でどんな仕事をしたいか」「これまでに最も関心を持った事柄とその理由」「今までに誰かと何かを成し遂げた経験とそのときあなたがどんな役割を果たしたか，なぜこのエピソードを選んだのか」

セミナー

・選考とは無関係
・服装：リクルートスーツ
・内容：自社の説明会は抽選で落ちたので，合同説明会にだけ参加した。内容は業界説明と会社説明だった

筆記試験

・記載無し

面接（個人・集団）

・記載無し

グループディスカッション

・内容：ディベートのテーマは「幼稚園での英語必修化の是非」について。ディスカッションのテーマは「新しい英語教育の方法論」だった

企業の説明会に参加することで，本当に行きたい会社がわかってくると思います。説明会には積極的に参加することをお勧めします

大広総合職 2013卒

エントリーシート

・形式：ダウンロードして，プリントアウトして手書きで記入
・内容：「志望動機」「志望する職種と当社でどんな仕事をしたいか」「これまで最も関心を持った事柄とその理由」「今までに誰かと何かを成し遂げた経験について，そのときどんな役割を果たしたか，このエピソードを選んだ理由」

セミナー

・選考とは無関係　服装：リクルートスーツ

筆記試験

・形式：記述式と作文とWebテスト
・内容：テストセンター，クリエイティブ，ストラテジックプランニングテスト

面接（個人・集団）

・雰囲気：和やか　回数：3回
・質問内容：一次…学生時代に頑張ったこと，好きなCM，卒論・研究の内容など。二次…自己紹介，やりたいこと，なぜ広告か，なぜ大広かなど。三次はグループディスカッションと筆記。最終…今までとこれからの私をプレゼン，性格に関する質問など

グループディスカッション

・テーマ：「○○の日」をつくって，キャンペーンを考える

内定

・通知方法：電話

● その他受験者からのアドバイス

・正解がない戦いは予想以上に精神と体力を削ります。就活は団体戦だと思って，友人・先輩・家族を頼りましょう
・自己分析はエントリーシートを書いているうちに，自然とできていきます。30社分くらい書けば自分について堂々と語れるようになるはずです

✔ 有価証券報告書の読み方

01 部分的に読み解くことからスタートしよう

　「有価証券報告書（以下，有報）」という名前を聞いたことがある人も少なくはないだろう。しかし，実際に中身を見たことがある人は決して多くはないのではないだろうか。有報とは上場企業が年に１度作成する，企業内容に関する開示資料のことをいう。開示項目には決算情報や事業内容について，従業員の状況等について記載されており，誰でも自由に見ることができる。

　一般的に有報は，証券会社や銀行の職員，または投資家などがこれを読み込み，その後の戦略を立てるのに活用しているイメージだろう。その認識は間違いではないが，だからといって就活に役に立たないというわけではない。就活を有利に進める上で，お得な情報がふんだんに含まれているのだ。ではどの部分が役に立つのか，実際に解説していく。

■有価証券報告書の開示内容

　では実際に，有報の開示内容を見てみよう。

有価証券報告書の開示内容

第一部【企業情報】
　第1　【企業の概況】
　第2　【事業の状況】
　第3　【設備の状況】
　第4　【提出会社の状況】
　第5　【経理の状況】
　第6　【提出会社の株式事務の概要】
　第7　【提出会社の状参考情報】
第二部【提出会社の保証会社等の情報】
　第1　【保証会社情報】
　第2　【保証会社以外の会社の情報】
　第3　【指数等の情報】

有報は記載項目が統一されているため，どの会社に関しても同じ内容で書かれている。このうち就活において必要な情報が記載されているのは，第一部の第1【企業の概況】～第5【経理の状況】まで，それ以降は無視してしまってかまわない。

　第1【企業の概況】には役立つ情報が満載。そんな中，最初に注目したいのは，冒頭に記載されている【主要な経営指標等の推移】の表だ。

回次		第25期	第26期	第27期	第28期	第29期
決算年月		平成24年3月	平成25年3月	平成26年3月	平成27年3月	平成28年3月
営業収益	（百万円）	2,532,173	2,671,822	2,702,916	2,756,165	2,867,199
経常利益	（百万円）	272,182	317,487	332,518	361,977	428,902
親会社株主に帰属する当期純利益	（百万円）	108,737	175,384	199,939	180,397	245,309
包括利益	（百万円）	109,304	197,739	214,632	229,292	217,419
純資産額	（百万円）	1,890,633	2,048,192	2,199,357	2,304,976	2,462,537
総資産額	（百万円）	7,060,409	7,223,204	7,428,303	7,605,690	7,789,762
1株当たり純資産額	（円）	4,738.51	5,135.76	5,529.40	5,818.19	6,232.40
1株当たり当期純利益	（円）	274.89	443.70	506.77	458.95	625.82
潜在株式調整後1株当たり当期純利益	（円）	—	—	—	—	—
自己資本比率	（％）	26.5	28.1	29.4	30.1	31.4
自己資本利益率	（％）	5.9	9.0	9.5	8.1	10.4
株価収益率	（倍）	19.0	17.4	15.0	21.0	15.5
営業活動によるキャッシュ・フロー	（百万円）	558,650	588,529	562,763	622,762	673,109
投資活動によるキャッシュ・フロー	（百万円）	△370,684	△465,951	△474,697	△476,844	△499,575
財務活動によるキャッシュ・フロー	（百万円）	△152,428	△101,151	△91,367	△86,636	△110,265
現金及び現金同等物の期末残高	（百万円）	167,525	189,262	186,057	245,170	307,809
従業員数［ほか、臨時従業員数］	（人）	71,729 [27,746]	73,017 [27,312]	73,551 [27,736]	73,329 [27,313]	73,053 [26,147]

　見慣れない単語が続くが，そう難しく考える必要はない。特に注意してほしいのが，**営業収益**，**経常利益**の二つ。営業収益とはいわゆる**総売上額**のことであり，これが企業の本業を指す。その営業収益から営業費用（営業費（販売費＋一般管理費）＋売上原価）を差し引いたものが**営業利益**となる。会社の業種はなんであれ，モノを顧客に販売した合計値が営業収益であり，その営業収益から人件費や家賃，広告宣伝費などを差し引いたものが営業利益と覚えておこう。対して経常利益は営業利益から本業以外の損益を差し引いたもの。いわゆる金利による収益や不動産収入などがこれにあたり，本業以外でその会社がどの程度の力をもっているかをはかる絶好の指標となる。

■会社のアウトラインを知れる情報が続く。

　この主要な経営指標の推移の表につづいて，「会社の沿革」，「事業の内容」，「関係会社の状況」「従業員の状況」などが記載されている。自分が試験を受ける企業のことを，より深く知っておくにこしたことはない。会社がどのように発展してきたのか，主としている事業はどのようなものがあるのか，従業員数や平均年齢はどれくらいなのか，志望動機などを作成する際に役立ててほしい。

03 事業の状況の注目ポイント

　第2となる【事業の状況】において，最重要となるのは**業績等の概要**といえる。ここでは1年間における収益の増減の理由が文章で記載されている。「○○という商品が好調に推移したため，売上高は△△になりました」といった情報が，比較的易しい文章で書かれている。もちろん，損失が出た場合に関しても包み隠さず記載してあるので，その会社の1年間の動向を知るための格好の資料となる。

　また，業績については各事業ごとに細かく別れて記載してある。例えば鉄道会社ならば，①運輸業，②駅スペース活用事業，③ショッピング・オフィス事業，④その他といった具合だ。**どのサービス・商品がどの程度の売上を出したのか**，会社の持つ展望として，今後**どの事業をより活性化**していくつもりなのか，などを意識しながら読み進めるとよいだろう。

■「対処すべき課題」と「事業等のリスク」

　業績等の概要と同様に重要となるのが，「**対処すべき課題**」と「**事業等のリスク**」の2項目といえる。ここで読み解きたいのは，その会社の**今後の伸びしろ**について。いま，会社はどのような状況にあって，どのような課題を抱えているのか。また，その課題に対して取られている対策の具体的な内容などから経営方針などを読み解くことができる。リスクに関しては法改正や安全面，他の企業の参入状況など，会社にとって決してプラスとは言えない情報もつつみ隠さず記載してある。客観的にその会社を再評価する意味でも，ぜひ目を通していただきたい。

　次代を担う就活生にとって，ここの情報はアピールポイントとして組み立てやすい。「新事業の○○の発展に際して……」，「御社が抱える●●というリスクに対して……」などという発言を面接時にできれば，面接官の心証も変わってくるはずだ。

　最後に注目したいのが，第5【経理の状況】だ。ここでは，簡単にいえば【主要な経営指標等の推移】の表をより細分化した表が多く記載されている。ここの情報をすべて理解するのは，簿記の知識がないと難しい。しかし，そういった知識があまりなくても，読み解ける情報は数多くある。例えば**損益計算書**などがそれに当たる。

連結損益計算書

(単位：百万円)

	前連結会計年度 (自 平成26年4月1日 至 平成27年3月31日)	当連結会計年度 (自 平成27年4月1日 至 平成28年3月31日)
営業収益	2,756,165	2,867,199
営業費		
運輸業等営業費及び売上原価	1,806,181	1,841,025
販売費及び一般管理費	※1 522,462	※1 538,352
営業費合計	2,328,643	2,379,378
営業利益	427,521	487,821
営業外収益		
受取利息	152	214
受取配当金	3,602	3,703
物品売却益	1,438	998
受取保険金及び配当金	8,203	10,067
持分法による投資利益	3,134	2,565
雑収入	4,326	4,067
営業外収益合計	20,858	21,616
営業外費用		
支払利息	81,961	76,332
物品売却損	350	294
雑支出	4,090	3,908
営業外費用合計	86,403	80,535
経常利益	361,977	428,902
特別利益		
固定資産売却益	※4 1,211	※4 838
工事負担金等受入額	※5 59,205	※5 24,487
投資有価証券売却益	1,269	4,473
その他	5,016	6,921
特別利益合計	66,703	36,721
特別損失		
固定資産売却損	※6 2,088	※6 1,102
固定資産除却損	※7 3,957	※7 5,105
工事負担金等圧縮額	※8 54,253	※8 18,346
減損損失	※9 12,738	※9 12,297
耐震補強重点対策関連費用	8,906	10,288
災害損失引当金繰入額	1,306	25,085
その他	30,128	8,537
特別損失合計	113,379	80,763
税金等調整前当期純利益	315,300	384,860
法人税、住民税及び事業税	107,540	128,972
法人税等調整額	26,202	9,326
法人税等合計	133,742	138,298
当期純利益	181,558	246,561
非支配株主に帰属する当期純利益	1,160	1,251
親会社株主に帰属する当期純利益	180,397	245,309

　主要な経営指標等の推移で記載されていた**経常利益**の算出する上で必要な営業外収益などについて，詳細に記載されているので，一度目を通しておこう。

　いよいよ次ページからは実際の有報が記載されている。ここで得た情報をもとに有報を確実に読み解き，就職活動を有利に進めよう。

✔ 有価証券報告書

※抜粋

企業の概況

1　主要な経営指標等の推移

（1）　連結経営指標等

回次		第16期	第17期	第18期	第19期	第20期
決算年月		2019年3月	2020年3月	2021年3月	2022年3月	2023年3月
収益	（百万円）	773,519	802,617	714,560	895,080	991,137
経常利益	（百万円）	68,702	58,100	49,594	75,740	60,378
親会社株主に帰属する当期純利益	（百万円）	47,235	44,893	26,479	55,179	31,010
包括利益	（百万円）	69,403	12,335	59,032	40,107	25,550
純資産額	（百万円）	316,421	316,147	362,139	387,414	389,814
総資産額	（百万円）	902,002	859,887	941,103	1,053,016	1,026,415
1株当たり純資産額	（円）	756.73	774.84	884.69	957.72	986.05
1株当たり当期純利益	（円）	126.64	120.30	70.92	147.70	83.16
潜在株式調整後1株当たり当期純利益	（円）	126.39	120.29	70.91	147.68	83.16
自己資本比率	（％）	31.3	33.6	35.1	34.0	35.5
自己資本利益率	（％）	15.1	15.7	8.5	16.0	8.6
株価収益率	（倍）	14.0	9.1	26.0	10.5	18.0
営業活動によるキャッシュ・フロー	（百万円）	53,522	27,366	36,212	20,852	38,035
投資活動によるキャッシュ・フロー	（百万円）	△22,815	3,372	△9,831	△11,292	△32,792
財務活動によるキャッシュ・フロー	（百万円）	△21,974	△19,434	△12,767	△8,698	△28,839
現金及び現金同等物の期末残高	（百万円）	152,154	163,299	176,042	180,697	159,081
従業員数	（名）	21,469 (9,923)	23,939 (10,142)	24,775 (10,793)	25,522 (10,361)	27,936 (11,027)

（注）　1　従業員数欄の（　）は，臨時従業員の年間平均雇用人員数であり，外数であります。

　　　　2　第17期より，当社の一部の子会社において売上の計上基準に係る会計方針の変更を行っており，第16期の関連する主要な経営指標等について遡及処理の内容を反映させた数値を記載しております。

　　　　3　「収益認識に関する会計基準」（企業会計基準第29号2020年3月31日）等を第19期の期首から適用

---

point 主要な経営指標等の推移

　数年分の経営指標の推移がコンパクトにまとめられている。見るべき箇所は連結の売上，利益，株主資本比率の3つ。売上と利益は順調に右肩上がりに伸びているか，逆に利益で赤字が続いていたりしないかをチェックする。株主資本比率が高いとリーマンショックなど景気が悪化したときなどでも経営が傾かないという安心感がある。

しており，第19期の前3連結会計年度に係る主要な経営指標等については，当該会計基準等を遡って適用した後の指標等となっております。

(2) 提出会社の経営指標等 ······································

回次		第16期	第17期	第18期	第19期	第20期
決算年月		2019年3月	2020年3月	2021年3月	2022年3月	2023年3月
営業収益	（百万円）	33,010	36,862	35,966	32,926	46,783
経常利益	（百万円）	19,374	21,529	20,456	15,670	22,279
当期純利益	（百万円）	17,396	31,415	25,139	33,326	22,626
資本金	（百万円）	10,325	10,491	10,648	10,790	10,790
発行済株式総数	（株）	388,954,044	389,146,249	389,397,652	389,559,436	389,559,436
純資産額	（百万円）	252,382	258,636	289,296	293,246	290,079
総資産額	（百万円）	459,294	447,183	484,253	483,232	506,560
1株当たり純資産額	（円）	676.54	692.95	774.57	784.81	786.02
1株当たり配当額 （内1株当たり中間配当額）	（円）	28.00 (14.00)	30.00 (15.00)	30.00 (15.00)	32.00 (15.00)	32.00 (16.00)
1株当たり当期純利益	（円）	46.64	84.18	67.33	89.20	60.68
潜在株式調整後 1株当たり当期純利益	（円）	－	－	－	－	－
自己資本比率	（％）	55.0	57.8	59.7	60.7	57.3
自己資本利益率	（％）	7.1	12.3	9.2	11.4	7.8
株価収益率	（倍）	38.1	12.9	27.4	17.3	24.6
配当性向	（％）	60.0	35.6	44.6	35.9	52.7
従業員数	（名）	216 (22)	231 (21)	248 (20)	260 (20)	266 (32)
株主総利回り （比較指標：日経225）	（％） （％）	123.4 (98.8)	78.5 (88.2)	132.1 (136.0)	113.8 (129.7)	112.6 (130.7)
最高株価	（円）	2,048	1,875	1,980	1,988	1,565
最低株価	（円）	1,429	914	1,024	1,377	1,007

(注) 1 潜在株式調整後1株当たり当期純利益については，潜在株式がないため記載しておりません。

2 従業員数欄の（ ）は，臨時従業員の年間平均雇用人員数であり，外数であります。

3 最高株価及び最低株価は，2022年4月3日以前は東京証券取引所市場第一部におけるものであり，2022年4月4日以降は東京証券取引所プライム市場におけるものであります。

4 「収益認識に関する会計基準」（企業会計基準29号　2020年3月31日）等を第19期の期首から適用しており，第19期の前3事業年度にかかる主要な経営指標については，当該会計基準等を遡って適用した後の指標等となっております。

2 沿革

　提出会社は，2003年10月1日，株式会社博報堂，株式会社大広及び株式会社読売広告社の経営統合にあたり，これら3社の株式移転による共同持株会社として東京都港区に設立されました。

2003年10月	・株式会社博報堂，株式会社大広及び株式会社読売広告社の3社の経営統合にあたり，共同持株会社として株式会社博報堂DYホールディングス（資本金10,000百万円）を設立。
2003年12月	・株式会社博報堂，株式会社大広及び株式会社読売広告社の3社のメディア・コンテンツ関連組織を分割型新設分割の手法により分社・統合し，100％子会社として株式会社博報堂DYメディアパートナーズを設立。
2005年2月	・株式会社東京証券取引所第一部に株式を上場。
2008年3月	・本社を東京都港区東新橋から東京都港区赤坂に移転。
2009年2月	・株式会社博報堂がデジタル・アドバタイジング・コンソーシアム株式会社の第三者割当増資を引き受け，同社を子会社化。
2016年10月	・デジタル・アドバタイジング・コンソーシアム株式会社と株式会社アイレップが株式移転によりD.A.コンソーシアムホールディングス株式会社を設立。
2018年10月	・D.A.コンソーシアムホールディングス株式会社の株式を公開買付けにより取得し，同社を完全子会社化。
2022年4月	・東京証券取引所の市場区分見直しに伴い，東京証券取引所プライム市場に移行。

3 事業の内容

　当社グループは，当社（持株会社）の他，子会社379社及び関連会社62社により構成されており，マーケティングサービス企業集団として顧客に対する統合マーケティングソリューションの提供を主たる業務としております。

　具体的には，広告事業会社である（株）博報堂，（株）大広，（株）読売広告社，（株）アイレップ及びソウルドアウト（株），総合メディア会社である（株）博報堂DYメディアパートナーズ，並びに戦略事業組織であるkyuを中心に，顧客企業のマーケティング戦略・マーケティングに関する各種計画の立案に始まり，国内外の新聞・雑誌・ラジオ・テレビ・インターネット・屋外広告等の広告媒体取扱や広告制作，コンサルティング，リサーチ，セールスプロモーション，パブリックリレーションズ，イベント実施等の専門マーケティングサービスの提供を国内

(point) 沿革

　どのように創業したかという経緯から現在までの会社の歴史を年表で知ることができる。過去に行った重要なM&Aなどがいつ行われたのか，ブランド名はいつから使われているのか，いつ頃から海外進出を始めたのか，など確認することができて便利だ。

外において実施しております。

〔博報堂グループ〕

　（株）博報堂，（株）TBWA＼HAKUHODO，（株）quantum，（株）北海道博報堂，（株）東北博報堂，（株）新潟博報堂，（株）北陸博報堂，（株）静岡博報堂，（株）中国四国博報堂，（株）九州博報堂，（株）中央アド新社，（株）博報堂プロダクツ，（株）K・M・J，（株）セレブリックス，日本トータルテレマーケティング（株），（株）Emerge，（株）博報堂デザイン，（株）博報堂クリエイティブ・ヴォックス，（株）博報堂コンサルティング，（株）博報堂ケトル，（株）博報堂プラニングハウス，（株）SIX，（株）COTODAMA，（株）博報堂キャスティング＆エンタテインメント，（株）博報堂 Gravity，（株）PEAK，（株）博報堂メディカル，（株）博報堂キースリー，（株）博報堂キャビン，（株）バックスグループ，（株）オズマピーアール，（株）スパイスボックス，（株）ディー・ブレーン，（株）NoCompany 等は国内の各地域を拠点として，博報堂香港有限公司，上海博報堂広告有限公司，博報堂創意広告（上海）有限公司，博報堂生活綜研（上海）市場営銷諮詢有限公司等は中国において，台湾博報堂股份有限公司，博報堂行効股份有限公司，United Advertising Co.,Ltd. 等は台湾において，Hakuhodo Cheil Inc. 等は韓国において，Hakuhodo（Bangkok）Co., Ltd., Hakuhodo Asia Pacific Co., Ltd., Hakuhodo O2Co., Ltd., Media IntelligenceCo., Ltd., Hakuhodo International Thailand Co., Ltd., Winter Egency Co., Ltd. 等はタイにおいて，HakuhodoUSA Inc. はアメリカにおいて，Hakuhodo Deutschland GmbH はドイツにおいて，Southpaw Communications Ltd. 等はイギリスにおいて，Hakuhodo Malaysia Sdn.Bhd. 等はマレーシアにおいて，Hakuhodo（Singapore）Pte.Ltd., Hakuhodo Integrated Communications Group Pte Ltd 等はシンガポールにおいて，Hakuhodo & Saigon AdvertisingCo., Ltd., Hakuhodo Vietnam Co., Ltd. 等はベトナムにおいて，MA&TH Entertainment Network Pvt. Ltd., Hakuhodo SyncPvt. Ltd. 等はインドにおいて広告事業を行っております。

〔大広グループ〕

　（株）大広，（株）大広 WEDO，（株）アド大広名古屋，（株）大広九州，（株）大広北陸，（株）大広西日本，（株）大広メディアックス，（株）ディー・クリエイト，

---

point 事業の内容

　会社の事業がどのようにセグメント分けされているか，そして各セグメントではどのようなビジネスを行っているかなどの説明がある。また最後に事業の系統図が載せてあり，本社，取引先，国内外子会社の製品・サービスや部品の流れが分かる。ただセグメントが多いコングロマリットをすぐに理解するのは簡単ではない。

アイビーシステム（株）等は国内の各地域を拠点として，大広（中国）広告有限公司，科瑞奈（上海）文化科技有限公司は中国において，Daiko Vietnam Co., Ltd. はベトナムにおいて，大廣国際廣告股份有限公司は台湾において，AD PLANET DAIKO PTE.LTE. は シ ン ガ ポ ー ル に お い て，PT AD PLANET DAIKO INDONESIA はインドネシアにおいて広告事業を行っております。

〔読売広告社グループ〕

　（株）読売広告社，（株）読広クロスコム，（株）ショッパーインサイト，（株）読広キャスティング＆エンタテインメント，（株）YOMIKO Digital Shift等は国内の各地域を拠点として，読広（上海）広告有限公司は中国において広告事業を行っております。

〔博報堂DYメディアパートナーズグループ〕

　（株）博報堂DYメディアパートナーズ，（株）博報堂DYスポーツマーケティング，（株）博報堂DYアウトドア，（株）博報堂DYミュージック＆ピクチャーズ，データスタジアム（株），D .A .コンソーシアムホールディングス（株），デジタル・アドバタイジング・コンソーシアム（株），（株）博報堂アイ・スタジオ，（株）トーチライト，ユナイテッド（株）（注1）等は国内の各地域を拠点として，北京迪愛慈広告有限公司等は中国において広告事業を行っております。

〔アイレップグループ〕

　（株）アイレップ，（株）カラック，（株）ロカリオ，（株）シンクス等は国内の各地域を拠点として，広告事業を行っております。

〔kyuグループ〕

　Red Peak Group LLC, SYPartners LLC, Digital Kitchen LLC, IDEO LP., Hornall Anderson Design WorksLLC, Kepler Group LLC, Godfrey Dadich Partners LLC 等はアメリカにおいて，Lexington Communications Ltd, RPMC Europe Ltd.等はイギリスにおいて，Sid Lee Inc., C2International Inc., BEworks Inc.等はカナダにおいて，Atolye Yaratici Proje Gel. Dan Tas. Hiz. Ve Tie はトルコにおいて専門マーケティングサービス業を行っております。

〔ソウルドアウトグループ〕

　ソウルドアウト（株），アンドデジタル（株），メディアエンジン（株），

SOTechnologies（株）は国内の各地域を拠点として広告事業を行っております。

（注1）東京証券取引所マザーズ（現在のグロース市場）上場会社であります。

事業の系統図は，次のとおりであります。

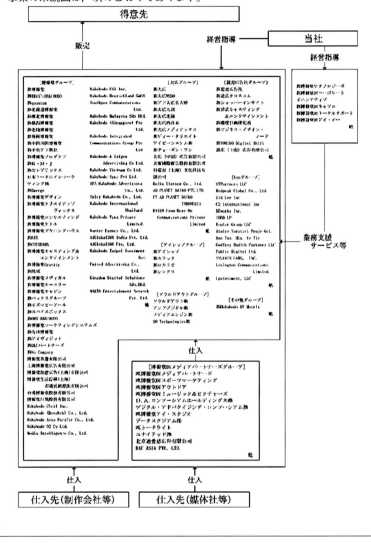

名称	住所	資本金又は出資金（百万円）	主要な事業の内容	議決権の所有（被所有）割合		関係内容
				所有割合(%)	被所有割合(%)	

（（株）博報堂グループ）

名称	住所	資本金又は出資金（百万円）	主要な事業の内容	所有割合(%)	被所有割合(%)	関係内容
（連結子会社） ㈱博報堂　（注）2、5	東京都港区	35,848	広告業	100.00	－	経営指導 資金貸借関係 役員の兼任6名
㈱TBWA＼HAKUHODO	東京都港区	50	広告業	60.00 (60.00)	－	資金貸借関係 役員の兼任1名
㈱quantum	東京都港区	200	広告業	100.00 (100.00)	－	
㈱OMD HAKUHODO	東京都港区	50	広告業	100.00 (100.00)	－	
㈱北海道博報堂	北海道札幌市	350	広告業	100.00 (100.00)	－	資金貸借関係
㈱東北博報堂	宮城県仙台市	350	広告業	100.00 (100.00)	－	資金貸借関係
㈱新潟博報堂	新潟県新潟市	350	広告業	100.00 (100.00)	－	資金貸借関係
㈱北陸博報堂	石川県金沢市	350	広告業	100.00 (100.00)	－	資金貸借関係
㈱静岡博報堂	静岡県静岡市	350	広告業	100.00 (100.00)	－	資金貸借関係
㈱中国四国博報堂	広島県広島市	450	広告業	100.00 (100.00)	－	資金貸借関係
㈱九州博報堂	福岡県福岡市	60	広告業	80.00 (80.00)	－	資金貸借関係
㈱wondertrunk & co.	東京都渋谷区	100	広告業	98.50 (98.50)	－	
㈱中央アド新社	東京都中央区	30	広告業	85.10 (85.10)	－	資金貸借関係
㈱博報堂プロダクツ	東京都江東区	100	広告業	100.00 (100.00)	－	資金貸借関係 役員の兼任1名
データブリッジ㈱	東京都江東区	3	広告業	100.00 (100.00)	－	
㈱K・M・J	東京都江東区	21	広告業	100.00 (100.00)	－	
㈱セレブリックス	東京都新宿区	100	広告業	100.00 (100.00)	－	
日本トータルテレマーケティング㈱	東京都渋谷区	100	広告業	100.00 (100.00)	－	
㈱Emerge	東京都江東区	9	広告業	75.00 (75.00)	－	
㈱博報堂クリエイティブ・ヴォックス	東京都港区	30	広告業	100.00 (100.00)	－	資金貸借関係
㈱博報堂コンサルティング	東京都千代田区	100	広告業	100.00 (100.00)	－	
㈱博報堂デザイン	東京都港区	30	広告業	100.00 (100.00)	－	資金貸借関係
㈱博報堂ケトル	東京都港区	90	広告業	100.00 (100.00)	－	資金貸借関係
㈱博報堂キャスティング＆エンタテインメント	東京都千代田区	100	広告業	100.00 (100.00)	－	資金貸借関係
㈱博報堂Gravity	東京都中央区	50	広告業	100.00 (100.00)	－	資金貸借関係
㈱スパイスボックス	東京都港区	271	広告業	94.12 (94.12)	－	
㈱オズマピーアール	東京都千代田区	20	広告業	100.00 (100.00)	－	資金貸借関係
㈱博報堂メディカル	東京都港区	50	広告業	100.00 (100.00)	－	資金貸借関係
㈱ハッピーアワーズ博報堂	東京都港区	10	広告業	100.00 (100.00)	－	資金貸借関係
㈱バックスグループ	東京都豊島区	423	広告業	100.00 (100.00)	－	
㈱アイヴィジット	東京都豊島区	70	広告業	100.00 (100.00)	－	
㈱SIX	東京都港区	90	広告業	100.00 (100.00)	－	

point　関係会社の状況

　主に子会社のリストであり，事業内容や親会社との関係についての説明がされている。特に製造業の場合などは子会社の数が多く，すべてを把握することは難しいが，重要な役割を担っている子会社も多くある。有報の他の項目では一度も触れられていない場合が多いので，気になる会社については個別に調べておくことが望ましい。

㈱Spontena	東京都港区	147	広告業	90.91 (90.91)	－
㈱博報堂プラニングハウス	東京都港区	50	広告業	100.00 (100.00)	－ 資金貸借関係
㈱ディー・ブレーン	東京都港区	37	広告業	99.00 (99.00)	－ 資金貸借関係
㈱エッジ・インターナショナル	東京都港区	20	広告業	100.00 (100.00)	－
㈱COTODAMA	東京都港区	100	広告業	99.25 (99.25)	－
㈱博報堂マーケティングシステムズ	東京都港区	100	広告業	100.00 (100.00)	－
㈱シーエスナイン	福岡県福岡市	10	広告業	100.00 (100.00)	－
㈱博報堂キャビン	東京都港区	100	広告業	51.00 (51.00)	－
㈱博報堂キースリー	東京都港区	50	広告業	90.00 (90.00)	－
㈱博報堂コネクト	東京都江東区	50	広告業	100.00 (100.00)	－
博報堂香港有限公司	中国　香港	千HKD 14,560	広告業	100.00 (100.00)	－
上海博報堂広告有限公司　（注）2	中国　上海	千CNY 65,200	広告業	100.00 (100.00)	－
博報堂創意広告（上海）有限公司	中国　上海	千CNY 54,000	広告業	100.00 (100.00)	－
博報堂生活綜研（上海）市場営銷諮詢有限公司	中国　上海	千CNY 3,906	広告業	100.00 (100.00)	－
省広納思博報堂広告有限公司（注）1	中国　広州	千CNY 10,000	広告業	50.00 (50.00)	－
省广博報堂整合営銷有限公司（注）1	中国　広州	千CNY 6,000	広告業	50.00 (50.00)	－
広東省広代博告営銷有限公司（注）1	中国　広州	千CNY 7,000	広告業	50.00 (50.00)	－
北京代博広告有限公司	中国　北京	千CNY 10,000	広告業	90.00 (90.00)	－
博報堂希点整合営銷有限公司（注）1	中国　武漢	千CNY －	広告業	50.00 (50.00)	－
博報堂行效股份有限公司	台湾　台北	千TWD 126,617	広告業	100.00 (100.00)	－
博報堂知達股份有限公司	台湾　台北	千TWD 90,703	広告業	100.00 (100.00)	－
Hakuhodo Taipei Investment Inc.（注）2	台湾　台北	千TWD 2,498,600	広告業	100.00 (100.00)	－
博報堂思索股份有限公司	台湾　台北	千TWD 10,000	広告業	100.00 (100.00)	－
台湾博報堂股份有限公司	台湾　台北	千TWD 43,900	広告業	100.00 (100.00)	－
United Advertising Co., Ltd.	台湾　台北	千TWD 264,929	広告業	100.00 (100.00)	－
Hakuhodo Cheil Inc.	韓国　ソウル	千KRW 227,000	広告業	51.00 (51.00)	－
Hakuhodo Asia Pacific Co., Ltd.（注）2	タイ　バンコク	千THB 908,025	広告業	100.00 (100.00)	－
Media Intelligence Group Co., Ltd.	タイ　バンコク	千THB 20,000	広告業	70.00 (70.00)	－
HILL ASIA Co., LTD.	タイ　バンコク	千THB 10,000	広告業	100.00 (100.00)	－
Hakuhodo International Thailand Co., Ltd.	タイ　バンコク	千THB 100,000	広告業	100.00 (100.00)	－
Winter Egency Co., Ltd.　（注）1	タイ　バンコク	千THB 2,000	広告業	49.00 (49.00)	－

会社名	所在地	資本金	事業	議決権比率		関係内容
SPA Hakuhodo Advertising Co., LTD.	タイ バンコク	千THB 120,570	広告業	100.00 (100.00)	－	
Spicy Hakuhodo Co., Ltd.	タイ バンコク	千THB 1,000	広告業	100.00 (100.00)	－	
Hakuhodo First Co.,Ltd.	タイ バンコク	千THB 10,000	広告業	90.00 (90.00)	－	
Hakuhodo Malaysia Sdn. Bhd.	マレーシア シャーアラム	千MYR 5,490	広告業	100.00 (100.00)	－	
Kingdom Digital Solutions Sdn. Bhd.	マレーシア セランゴール州	千MYR 365	広告業	80.00 (80.00)	－	
Hakuhodo (Singapore) Pte. Ltd.	シンガポール	千SGD 167	広告業	100.00 (100.00)		
Hakuhodo Integrated Communications Group Pte. Ltd.	シンガポール	千SGD 600	広告業	100.00 (100.00)		
Hakuhodo Investment Singapore Pte. Ltd. （注）2	シンガポール	千SGD 73,102	広告業	100.00 (100.00)		
AdGlobal360 Pte. Ltd.	シンガポール	千SGD 62	広告業	76.00 (76.00)	－	
Hakuhodo & Saigon Advertising Co., Ltd.	ベトナム ホーチミン	千VND 16,687,605	広告業	65.00 (65.00)		
Square Communications Joint Stock Company	ベトナム ホーチミン	千VND 55,000,000	広告業	50.99 (50.99)		
Hakuhodo.Sync Private Limited	インド ニューデリー	千INR 15,000	広告業	100.00 (100.00)	－	
Hakuhodo.Wyng Private Limited	インド ニューデリー	千INR 100	広告業	100.00 (100.00)	－	
Hakuhodo India Private Limited	インド デリー	千INR 142,000	広告業	100.00 (100.00)	－	
AdGlobal360 India Pvt. Ltd.	インド グルガーオン	千INR －	広告業	76.24 (76.24)	－	
MA&TH Entertainment Private Limited	インド ムンバイ	千INR 408	広告業	51.00 (51.00)		
HAKUHODO USA Inc.	米国 ニューヨーク	千USD 0	広告業	100.00 (100.00)	－	
Hakuhodo Deutschland GmbH	ドイツ フランクフルト	千EUR 1,175	広告業	100.00 (100.00)	－	
Southpaw Communications Ltd.	イギリス タンブリッジウェルズ	千GBP 212	広告業	100.00 (100.00)	－	
Ashton Consulting Ltd.	イギリス セントオールバンズ	千GBP 66	広告業	100.00 (100.00)	－	
（持分法適用関連会社） ㈱アドスタッフ博報堂	沖縄県那覇市	31	広告業	35.77 (35.77)	－	
iichi㈱	神奈川県鎌倉市	150	広告業	28.33 (28.33)	－	
インキュデータ㈱	東京都港区	1,000	広告業	33.40 (33.40)	－	
㈱H.M.マーケティングリサーチ	東京都中央区	30	広告業	49.00 (49.00)	－	
TBWA＼HAKUHODO China	中国 広州	千CNY 3,194	広告業	50.00 (50.00)		

（㈱大広グループ）

会社名	所在地	資本金	事業	議決権比率		関係内容
（連結子会社） ㈱大広 （注）2	大阪府大阪市	2,800	広告業 その他の事業	100.00		経営指導 資金貸借関係 役員の兼任1名
㈱大広WEDO	大阪府大阪市	100	広告業	100.00 (100.00)	－	
㈱アド大広名古屋	愛知県名古屋市	10	広告業	100.00 (100.00)	－	
㈱大広九州	福岡県福岡市	80	広告業	100.00 (100.00)	－	
㈱大広北陸	富山県富山市	50	広告業	100.00 (100.00)	－	
㈱大広西日本	広島県広島市	80	広告業	100.00 (100.00)	－	

会社名	所在地	資本金	事業内容	議決権の所有割合		関係内容
㈱大広メディアックス	大阪府大阪市	40	広告業	75.00 (75.00)	－	
㈱ディー・クリエイト	東京都港区	50	広告業	100.00 (100.00)	－	
アイビーシステム㈱	長野県諏訪市	39	広告業	51.06 (51.06)	－	
㈱LGBT総合研究所	東京都港区	46	広告業	100.00 (100.00)	－	
㈱澤田設計事務所	大阪府大阪市	25	広告業	95.00 (95.00)	－	
㈱顧客時間	大阪府大阪市	25	広告業	88.00 (88.00)	－	
㈱チョーズン・ワン	東京都港区	15	広告業	66.70 (66.70)	－	
大広（中国）広告有限公司	中国 上海	千CNY 42,413	広告業	100.00 (100.00)	－	
Daiko Vietnam Co.,Ltd.	ベトナム ホーチミン	千VND 11,220,031	広告業	99.00 (99.00)	－	
大廣国際廣告股份有限公司	台湾 台北	千TWD 60,000	広告業	100.00 (100.00)	－	
Daiko From Here On Communications Private Linited	インド ニューデリー	千INR 2,260	広告業	51.00 (51.00)	－	
AD PLANET DAIKO PTE.LTD.	シンガポール	千SGD 3,403	広告業	87.23 (87.23)	－	
PT.AD PLANET DAIKO INDONESIA	インドネシア ジャカルタ	千IDR 18,937,700	広告業	51.00 (51.00)	－	
DAIKO MEKONG COMMUNICATIONS Co.,LTD.	ベトナム ホーチミン	千VND 7,800,000	広告業	90.00 (90.00)	－	
科瑞奈（上海）文化科技有限公司	中国 上海	千CNY 6,250	広告業	95.00 (95.00)	－	

（㈱読売広告社グループ）

会社名	所在地	資本金	事業内容	議決権の所有割合		関係内容
(連結子会社) ㈱読売広告社 （注）2	東京都港区	1,458	広告業 その他の事業	100.00	－	経営指導 資金貸借関係 役員の兼任1名
㈱読広クロスコム	東京都港区	40	広告業	100.00 (100.00)	－	
㈱読広キャスティング＆エンタテインメント	東京都港区	50	広告業	100.00 (100.00)	－	
㈱ショッパーインサイト	東京都港区	300	広告業	100.00 (100.00)	－	
㈱読広クリエイティブスタジオ	東京都港区	15	広告業	100.00 (100.00)	－	
㈱環境計画研究所	東京都目黒区	50	広告業	51.00 (51.00)	－	
㈱ビジネス・デザイン・ノード	東京都港区	30	広告業	100.00 (100.00)	－	
読広(上海)広告有限公司	中国 上海	千CNY 7,555	広告業	100.00 (100.00)	－	
台湾讀廣股份有限公司	台湾 台北	千TWD 5,000	広告業	70.00 (70.00)	－	
FLP YOMIKO Malaysia Sdn.Bhd.	マレーシア プタリン・ジャヤ	千MYR 673	広告業	80.00 (80.00)	－	

（㈱博報堂DYメディアパートナーズグループ）

会社名	所在地	資本金	事業内容	議決権の所有割合		関係内容
(連結子会社) ㈱博報堂DYメディアパートナーズ （注）2	東京都港区	9,500	広告業	100.00	－	経営指導 資金貸借関係 役員の兼任5名
㈱博報堂DYスポーツマーケティング	東京都港区	136	広告業	100.00 (100.00)	－	資金貸借関係
㈱博報堂DYアウトドア	東京都港区	100	広告業	100.00 (100.00)	－	資金貸借関係
㈱博報堂DYミュージック＆ピクチャーズ	東京都港区	100	広告業	100.00 (100.00)	－	資金貸借関係
データスタジアム㈱	東京都千代田区	100	広告業	68.88 (68.88)	－	資金貸借関係
㈱SP EXPERT'S	東京都港区	100	広告業	100.00 (100.00)	－	

名称	所在地	資本金	主要な事業	議決権所有割合		関係内容
D.A.コンソーシアムホールディングス㈱	東京都渋谷区	100	その他の事業	100.00 (100.00)	－	資金貸借関係
デジタル・アドバタイジング・コンソーシアム㈱ (注)2	東京都渋谷区	4,031	広告業	100.00 (100.00)	－	資金貸借関係 役員の兼任1名
㈱アド・プロ	東京都渋谷区	65	広告業	100.00 (100.00)	－	
MediaMath Japan㈱	東京都品川区	15	広告業	55.76 (55.76)	－	
北京迪愛慈広告有限公司	中国 北京	千CNY 70,141	広告業	100.00 (100.00)	－	
㈱博報堂アイ・スタジオ	東京都千代田区	260	広告業	100.00 (100.00)	－	資金貸借関係
㈱プラットフォーム・ワン	東京都渋谷区	250	広告業	100.00 (100.00)	－	
㈱トーチライト	東京都渋谷区	50	広告業	100.00 (100.00)	－	
ユナイテッド㈱ (注)2、4	東京都渋谷区	2,923	広告業	52.30 (52.30)	－	
㈱リベイス	東京都渋谷区	1	広告業	100.00 (100.00)	－	
㈱インフォキュービックジャパン	東京都新宿区	10	広告業	100.00 (100.00)	－	
DAC ASIA PTE. LTD. (注)2	シンガポール	千SGD 20,912	広告業	100.00 (100.00)	－	
(持分法適用関連会社) ㈱スーパーネットワーク	東京都港区	370	広告業	50.00 (50.00)	－	
㈱広告EDIセンター	東京都中央区	294	広告業	29.85 (29.85)	－	
㈱朝日広告社	東京都中央区	100	広告業	20.00 (20.00)	－	
Innity Corporation Berhad	マレーシア プタリン・ジャヤ	千MYR 19,477	広告業	24.92 (24.92)	－	

((株)アイレップグループ)

名称	所在地	資本金	主要な事業	議決権所有割合		関係内容
(連結子会社) ㈱アイレップ	東京都渋谷区	550	広告業	100.00 (100.00)	－	資金貸借関係 役員の兼任1名
㈱カラック	東京都港区	100	広告業	100.00 (100.00)	－	
㈱ロカリオ	東京都港区	49	広告業	94.16 (94.16)	－	
㈱シンクス	東京都渋谷区	10	広告業	51.00 (51.00)	－	

(kyuグループ)

名称	所在地	資本金	主要な事業	議決権所有割合		関係内容
(連結子会社) kyu Investment Inc.	米国 ニューヨーク	千USD 0	その他の事業	100.00	－	資金貸借関係
SYPartners LLC	米国 ニューヨーク	千USD －	広告業	100.00 (100.00)	－	
Kepler Group LLC	米国 ニューヨーク	千USD 11,838	広告業	100.00 (100.00)	－	
SYLVAIN LABS, INC.	米国 ニューヨーク	千USD －	広告業	100.00 (100.00)	－	
Godfrey Dadich Partners LLC	米国 サンフランシスコ	千USD 16,500	広告業	100.00 (100.00)	－	
Rich Talent Group LLC	米国 サンフランシスコ	千USD －	広告業	100.00 (100.00)	－	
IDEO LP	米国 カリフォルニア	千USD 1,116	広告業	75.00 (75.00)	－	
Sid Lee Inc.	カナダ ケベック	千CAD 12,917	広告業	100.00 (100.00)	－	
C2 International Inc	カナダ ケベック	千CAD －	広告業	55.77 (55.77)	－	
BEworks Inc.	カナダ オンタリオ	千CAD －	広告業	58.80 (58.80)	－	
Bimm Mangement Inc	カナダ オンタリオ	千CAD 0	広告業	100.00 (100.00)	－	
Napkyn Inc.	カナダ オタワ	千CAD 1,419	広告業	100.00 (100.00)	－	

会社名	所在地	資本金	事業内容	議決権の所有割合	関係内容
Atolye Yaratici Proje Gel. Dan Tas. Hiz. Ve Tie	トルコ イスタンブール	千TRY 59	広告業	60.00 (60.00)	－
Infectious Media Holdings Limited	イギリス ロンドン	千GBP 16	広告業	100.00 (100.00)	－
Lexington Communications Limited	イギリス ロンドン	千GBP 1	広告業	100.00 (100.00)	－
Haigo SAS	フランス パリ	千EUR 5	広告業	70.00 (70.00)	－
(持分法適用関連会社) Public Digital Holdings Limited	イギリス ロンドン	千GBP 0	広告業	25.00 (25.00)	－
Gehl Architects Holdings ApS	デンマーク コペンハーゲン	千DKR 100	広告業	30.00 (30.00)	－

(ソウルドアウト (株) グループ)

会社名	所在地	資本金	事業内容	議決権の所有割合	関係内容
(連結子会社) ソウルドアウト㈱	東京都文京区	100	広告業	100.00 (100.00)	
アンドデジタル㈱	東京都文京区	100	広告業	100.00 (100.00)	
メディアエンジン㈱	東京都文京区	1	広告業	100.00 (100.00)	
SO Technologies㈱	東京都文京区	45	広告業	100.00 (100.00)	

(その他)

会社名	所在地	資本金	事業内容	議決権の所有割合	関係内容
(連結子会社) ㈱博報堂DYトータルサポート	東京都千代田区	78	その他の事業	100.00	経営指導 資金貸借関係
㈱博報堂DYキャブコ	東京都港区	80	その他の事業	100.00	経営指導 資金貸借関係
㈱博報堂DYアイ・オー	東京都江東区	50	その他の事業	100.00	経営指導 資金貸借関係
AD plus VENTURE㈱	東京都港区	202	広告業	100.00	
㈱STARIDER	東京都港区	50	広告業	100.00	
HAKUHODO DY FUTURE DESIGN FUND投資事業有限責任組合 (注) 2	東京都港区	6,600	その他の事業	100.00 (0.76)	
HAKUHODO DY FUTURE DESIGN FUND 2号 投資事業有限責任組合	東京都港区	920	その他の事業	100.00 (1.09)	
㈱Hakuhodo DY Matrix	東京都港区	100	広告業	100.00	経営指導 資金貸借関係 役員の兼任1名
ティグリス・ジャパン㈱	東京都千代田区	50	広告業	66.7 (66.7)	
㈱博報堂DYベンチャーズ	東京都港区	200	その他の事業	100.00	
㈱博報堂テクノロジーズ	東京都港区	100	その他の事業	100.00	経営指導 資金貸借関係 役員の兼任1名
㈱博報堂DYコーポレートイニシアティブ	東京都港区	100	その他の事業	100.00	経営指導 役員の兼任2名
(持分法適用関連会社) ㈱エムキューブ (注) 6	東京都港区	100	広告業	15.00	
㈱スイッチメディア (注) 6	東京都港区	100	広告業	16.21	－
㈱アドウェイズ (注) 4、6	東京都新宿区	1,716	広告業	16.35 (7.16)	－
サントリーコンシェルジュサービス㈱	東京都港区	50	広告業	34.00 (34.00)	－
その他 258社					

(注) 1 持分は50%以下でありますが，実質的に支配しているため子会社としたものであります。

　　　2 特定子会社であります。

---

point 従業員の状況

　　　主力セグメントや，これまで会社を支えてきたセグメントの人数が多い傾向があるのは当然のことだろう。上場している大企業であれば平均年齢は40歳前後だ。また労働組合の状況にページが割かれている場合がある。その情報を載せている背景として，労働組合の力が強く，人数を削減しにくい企業体質だということを意味している。

3 「議決権の所有（被所有）割合」欄の（　）内は子会社による間接所有の割合で内数であります。

4 有価証券報告書提出会社であります。

5 （株）博報堂については，収益（連結会社相互間の内部収益を除く）の連結収益に占める割合が10％を超えております。主要な損益情報等は，以下のとおりであります。

	㈱博報堂 (百万円)
① 収益	371,590
② 経常利益	28,192
③ 当期純利益	21,895
④ 純資産額	166,338
⑤ 総資産額	406,327

6 持分は20％未満でありますが，実質的な影響力を持っているため関連会社としております。

5 従業員の状況

（1） 連結会社の状況 ・・

2023年3月31日現在

	従業員数（名）
連結会社合計	27,936 (11,027)

(注) 1 当社グループは，総合広告会社として広告主等に対するマーケティング・コミュニケーションサービス全般の提供を主として営む単一セグメントであるため，グループ全体での従業員数を記載しております。

2 従業員数は就業人員数であります。

3 従業員数欄の（　）は，臨時従業員の年間平均雇用人員数であり，外数であります。

（2） 提出会社の状況 ・・

2023年3月31日現在

従業員数(名)	平均年齢(歳)	平均勤続年数(年)	平均年間給与(千円)
266 (32)	43.9	13.6	12,755

(注) 1 従業員数は就業人員数であります。

2 平均年間給与は，賞与及び基準外賃金を含んでおります。

3 従業員数欄の（　）は，臨時従業員の年間平均雇用人員数であり，外数であります。

4 当社従業員は，（株）博報堂，（株）大広，（株）読売広告社，（株）博報堂DYメディアパートナーズ，（株）博報堂DYトータルサポート及び（株）アイレップからの出向者であり，平均勤続年数は各社での勤続年数を通算しております。

point **業績等の概要**

　　この項目では今期の売上や営業利益などの業績がどうだったのか，収益が伸びたあるいは減少した理由は何か，そして伸ばすためにどんなことを行ったかということがセグメントごとに分かる。現在，会社がどのようなビジネスを行っているのか最も分かりやすい箇所だと言える。

(3) 労働組合の状況 ··

　提出会社の従業員は（株）博報堂，（株）大広，（株）読売広告社，（株）博報堂DYメディアパートナーズ，（株）博報堂DYトータルサポート，（株）アイレップ，デジタル・アドバタイジング・コンソーシアム（株）及び（株）大広WEDOからの出向者であるため，労働組合は組織されておりません。また，国内外の連結子会社13社には，各社労働組合が組織されており，組合員数は2,521人であります。なお，労使関係は良好で，特記すべき事項はありません。

■ 事業の状況

1 経営方針，経営環境及び対処すべき課題等

　当社グループは，2019年5月に2024年3月期を最終年度とする中期経営計画を発表し，各種取り組みを進めてきましたが，コロナ禍の影響によりビジネス環境が激変したことを受け，2022年2月に同計画の見直しを行いました。

　主要なビジネス環境変化として，まずコロナ禍に伴い，生活全体がデジタル化する「オールデジタル化」が急速に進行していることが挙げられます。あらゆるモノがインターネットとつながる世界が現実となり，モノと生活者の関係は単なる「接点」ではなく，相互に情報のやりとりをする「インターフェース」に進化してきています。この新しい市場のことを，当社グループは「生活者インターフェース市場」と名付けました。

　生活者インターフェース市場では，身の回りのモノ，デバイス，店舗，メディアがネットワークにつながり，データ化され，インターフェース化します。企業はそれらを活用することで，一人ひとりの生活者に最適化したサービスを提供することが可能になります。

　「生活者インターフェース市場」が拡大する中で，企業のマーケティングニーズも変化していきます。今後の企業と生活者のつながりは，広告などの「間接接点」のみならず，店舗やECサイトなどの「直接接点」が重要となり，それら全体をデータで統合管理することが求められます。

　このような環境認識の下，2022年3月期から2024年3月期までの3年間を，得意先のマーケティングとイノベーション両課題の解決をリードし，得意先と自社のサステナブルな成長を実現するために「提供サービスと事業基盤の変革を加速する期間」と位置付けました。そして，これまで掲げてきた「中期基本戦略」は継続しつつ，変革に向けた4つの取り組みを進め，グループ全体をアップデートしてまいります。

(1) 中期基本戦略 ･･

　当社グループは，「生活者発想を基軸に，クリエイティビティ，統合力，データ／テクノロジー活用力を融合することで，オールデジタル時代における，企業

(point) 生産及び販売の状況

　生産高よりも販売高の金額の方が大きい場合は，作った分よりも売れていることを意味するので，景気が良い，あるいは会社のビジネスがうまくいっていると言えるケースが多い。逆に販売額の方が小さい場合は製品が売れなく，在庫が増えて景気が悪くなっていると言える場合がある。

のマーケティングの進化とイノベーション創出をリードすること。そのことで，生活者，社会全体に新たな価値とインパクトを与え続ける存在になること。」を中期基本戦略としております。

　この基本戦略に基づき，以下に掲げる４つの取り組みを進め，未来をデザインし，社会実装していくことで，生活者一人ひとりが自分らしく活きいきと生きられる「生活者中心の社会づくり」に貢献していきたいと考えています。

（2）　提供サービスと事業基盤の変革に向けた４つの取り組み ······················
①　提供サービスの変革

　オールデジタル化が加速する中で，データをもとに，認知，興味，検討からCRMまで，一気通貫でアプローチする，いわゆる「フルファネル型のマーケティング」に対するニーズが高まっています。当社グループは，これまで先行してきた「"生活者データ・ドリブン"マーケティング」をフルファネルで実践できる形，すなわち「"生活者データ・ドリブン"フルファネルマーケティング」へと進化させ，企業のマーケティングニーズに的確に応え，リードしていける存在になりたいと考えております。その実現のために，「マーケティング実践領域の拡張」「メディアビジネスの変革」「生活者視点でのDX推進」という３つの戦略施策を進めております。

　まず，「マーケティング実践領域の拡張」については，得意先企業と生活者のつながりが直接接点へと広がりをみせる中，必須要件となりつつあります。さらに生活者データと基盤テクノロジーをベースとしたフルファネルでの統合管理ニーズも高まってきております。同領域の戦略と実行の両機能をグループ内に保持することで，スピーディーかつ高質なサービス提供と，高い収益性の確保を両立してまいります。そして，当社のこのケイパビリティを，企業の課題解決のみならず，社会課題の解決にも活かしていきたいと考えております。

　次に，「メディアビジネスの変革」については，当社グループオリジナルの「AaaS（アース）」という新たなモデルの導入を促進することで，「広告枠」というモノを売るビジネスから，広告効果の最大化という「サービス」を提供するビジネスへ，変革を推進しております。変革推進にあたっては，AI技術の活用は必要

(point) **対処すべき課題**

　　有報のなかで最も重要であり注目すべき項目。今，事業のなかで何かしら問題があればそれに対してどんな対策があるのか，上手くいっている部分をどう伸ばしていくのかなどの重要なヒントを得ることができる。また今後の成長に向けた技術開発の方向性や，新規事業の戦略についての理解を深めることができる。

不可欠と考えており，H-AIシリーズに代表される先端技術を活用した効果的かつ効率的なソリューション提供にも積極的に取り組んでおります。加えて，グループ内に「得意先の成長に合わせたデジタルサービス提供のエコシステム」を構築し，デジタルビジネスのさらなる拡大を目指します。そのために，これまで整備してきた高度デジタル運用や，オンラインとオフラインの施策の統合，いわゆる「オンオフ統合」の体制に加え，地方や中小・ベンチャー企業に対応する機能の強化にも注力していきます。

「生活者起点での DX」については，生活者のインサイト発掘力と，様々な生活者インターフェーステクノロジーを掛け合わせることで，企業のマーケティングや事業そのものに変革をもたらし，さらには社会に変革を生み出す，価値創造型のDXサービスを提供してまいります。

② 変革を加速する横串機能の強化

変革を加速し，グループ総体としての競争力を高めるために，従来のメディア機能に加え，新たに「グループのテクノロジー基盤となる新会社の設立」「グループのコーポレート機能の高度化・効率化を推進する新会社の設立」「グループ連携を促進する経営管理の仕組みの強化」という，3つのグループ横串機能の強化を進めております。

「グループのテクノロジー基盤となる新会社」については，2022年4月に株式会社博報堂テクノロジーズを新たに設立しました。グループ内に点在するリソースを集約するとともに，専門機能会社として，エンジニアにマッチした人材マネジメント体系を整備することで，外部専門人材の採用，育成を強化しております。また，足元では，ビジネスへの活用が拡大しつつある大規模言語モデル等の業務活用にもいち早く取り組んでおり，同社を中心に，グループ全体をより「テクノロジー・ドリブン」な企業体へと進化させていきます。

加えて，グループのコーポレート機能の高度化・効率化を推進する新会社「博報堂DYコーポレートイニシアティブ」も2023年4月に設立しました。育成／採用などによるコーポレート機能のケイパビリティ強化や，業務集約／標準化およびDXなどによるグループ横串機能としてのシナジー創出を進めてまいります。

③ 従来戦略に基づく変革の継続

ⅰ）ボーダレス化する企業活動への対応力強化

　成長市場である海外への積極的な投資を行い，「得意先のグローバルシフト」「専門性／先進性」「"生活者データ・ドリブン"フルファネルマーケティング」の3つの要素を起点とした海外事業の強化を継続しております。また，当社のグループ戦略立案・推進機能を強化し，博報堂などの「海外ネットワーク」と，kyuの「専門性／先進性」の連携を深めていくことで，海外事業のさらなる拡大に取り組んでいきます。

ⅱ）外部連携によるイノベーションの加速

　取引先企業／ベンチャー企業／当社グループをつなぐ連携基盤を拡張し，3者の強みの相乗効果による「提供サービスと自社のイノベーション」を加速しております。生活者インターフェース市場における新たな事業の開発，ソーシャルグッドな事業の創出など，生活者に対して新たな価値を提供する新規事業開発を，「クリエイティビティ×テクノロジー」を起点に推進してまいります。

④ サステナブルな企業経営のための基盤強化

　当社グループは，持続的な事業成長を遂げながら，同時に生活者のパートナーとして社会の発展に寄与する「新しい価値」を創造し続けていくという「循環型の価値創造モデル」に基づき，サステナビリティゴールである「生活者一人ひとりが，自分らしく，いきいきと生きていける社会の実現」を目指しています。

　当社グループのサステナブルな成長を支える最大の要素は「ヒト」であり，短期的にはコスト先行となるような施策も含め，人財への積極投資を行い，社員がクリエイティビティを最大限発揮できる環境を整備していきます。

（3）中期経営計画における目標 ···

　2022年3月期から2024年3月期までの3年間を，「提供サービスと事業基盤の変革を加速する期間」と位置付けているため，中期経営目標についても「成長性の維持・向上」と，中長期の継続的な成長に向けた「構造改革のための戦略投資」を踏まえた計画値といたしました。新たな中期経営目標，及び同目標を達成するにあたり注視すべき重点指標は，以下のとおりです。

(point) **事業等のリスク**

　「対処すべき課題」の次に重要な項目。新規参入により長期的に価格競争が激しくなり企業の体力が奪われるようなことがあるため，その事業がどの程度参入障壁が高く安定したビジネスなのかなど考えるきっかけになる。また，規制や法律，訴訟なども企業によっては大きな問題になる可能性があるため，注意深く読む必要がある。

＜中期経営目標（2024年3月期）＞

調整後連結売上総利益年平均成長率（注1）　　　　：＋7％以上

調整後連結のれん償却前営業利益年平均成長率（注2）：＋7％以上

連結のれん償却前営業利益（注3）　　　　　　　　：650億円以上

＜重点指標＞

調整後連結のれん償却前オペレーティング・マージン（注4）：15％程度

のれん償却前ROE（注5）　　　　　　　　　　　　：10％以上

(注1) 調整後連結売上総利益年平均成長率とは，投資事業を除いた主力事業における，2021年3月期の実績から2024年3月期までの3年間の年平均成長率のこと。

(注2) 調整後連結のれん償却前営業利益年平均成長率とは，投資事業を除いた主力事業における，企業買収によって生じるのれんの償却額等を除外して算出される連結営業利益の，2021年3月期の実績から2024年3月期までの3年間の年平均成長率のこと。

(注3) 連結のれん償却前営業利益とは，企業買収によって生じるのれんの償却額等を除外して算出される連結営業利益のこと。投資事業を含む全ての事業を対象とする。

(注4) 調整後連結のれん償却前オペレーティング・マージン＝調整後連結のれん償却前営業利益÷調整後連結売上総利益

(注5) のれん償却前ROE＝企業買収によって生じるのれんの償却額等（持分法適用会社分を含む）を除外して算出される親会社株主に帰属する当期純利益÷自己資本（期首・期末平均）

(注6) 上述の中期経営計画に関する事項は，当社が現在入手している情報及び合理的であると判断する一定の前提に基づいており，その達成を当社として約束する趣旨のものではありません。また，実際の業績等は様々な要因により大きく異なる可能性があります。

　2024年3月期までの3年間は，短期的な利益成長を追うのではなく，事業構造の変革を進め，中長期的な大きな成長を目指す土台をより盤石なものとする期間と位置付けております。掲げた中期戦略に則り，グループの変革を着実に進め，中長期での大きな成長と，企業価値の向上を目指してまいります。

　なお，2022年9月27日に東京2020オリンピック・パラリンピック競技大会のスポンサー選考に関し連結子会社である株式会社大広の執行役員1名が贈賄の疑いにより東京地方検察庁に逮捕され，同年10月18日に起訴されました。これを受けて同社ではコーポレートガバナンス改革委員会を設置し，原因究明と再発防止策を策定いたしました。これに基づき各種施策を実施してまいります。

　また，2023年2月28日に同大会に関して実施された各テストイベント計画立案等業務委託契約等（本業務）に関し，独占禁止法違反（不当な取引制限）の疑いがあるとして，連結子会社である株式会社博報堂と本業務に従事していた株式

会社博報堂DYメディアパートナーズの社員1名が，公正取引委員会からの告発を受け東京地方検察庁より起訴されました。これを受けて当社は，2023年3月7日に独立社外取締役を委員長とする特別検証委員会を設置し，独占禁止法違反の疑いで起訴されたことに関する原因究明と再発防止策の検討を要請しました。同年5月11日に同委員会より得た提言に基づき，各種施策を実施してまいります。

　株主をはじめとするステークホルダーの皆様に多大なご心配をおかけしておりますことを深くお詫び申し上げます。引き続き，法令遵守の徹底と再発防止及びコンプライアンス意識のさらなる向上により信頼の回復に努めてまいります。

2　サステナビリティに関する考え方及び取組

(1)　サステナビリティ戦略

　当社グループは，サステナブルな経営環境の整備を重要なテーマのひとつとして位置付けており，中期経営計画における第四の柱として「サステナブルな経営基盤の強化」を掲げ，サステナビリティゴール「生活者一人ひとりが，自分らしく，いきいきと生きていける社会の実現」を目指しています。

①　ガバナンス

　当社グループでは，社会の大きな変化に対する迅速な対応を強化するとともに，事業機会の拡大を目指し，ESGガバナンスを構築しています。具体的には，2022年4月よりサステナビリティ委員会を設置し，グループESG全体の業務の執行を行っております。サステナビリティ委員会は，当社代表取締役社長を委員長，取締役を構成員として，環境及び人権，DE＆I，サプライチェーンなどのサステナビリティに関する基本方針，テーマ及び施策案の検討・策定を行います。また，当該委員会より取締役会に対して活動状況を報告するとともに，サステナビリティに関連した重要なテーマに関しては取締役会での決議を図っております。

②　戦略

　当社グループではサステナビリティゴールの実現に向けて社会と当社グループが持続的に成長を遂げるための重要課題として，顧客やパートナーに対する「提供価値」及び「経営基盤」の観点から，以下の3つのマテリアリティを設置しました。

ⅰ．マーケティングの進化とイノベーションの創出による新しい価値の創造

ⅱ．高度なクリエイティビティを発揮できる人材マネジメント（投資・育成・環境整備）

ⅲ．生活者や社会との共生を目指すコーポレートガバナンスの強化

　上記マテリアリティに取り組むことで，「未来をつくるクリエイティビティの向上」を目指してまいります。

　また，現代の深刻な社会課題に対応し，生活者にとって価値ある市場を創出することで，サステナビリティゴール「生活者一人ひとりが，自分らしく，いきいきと生きていける社会の実現」を目指してまいります。

③　**リスク管理**

　当社グループでは，リスク低減と事業機会創出を目的として，リスク管理及び機会管理を強化しています。具体的には，サステナビリティ委員会にて，環境や人権に関するリスクを経営レベルで監督及び，進捗管理や見直しを行っております。必要に応じてグループコンプライアンス委員会へ上申するなどの適切なリスク管理体制を構築しています。

④　**指標と目標**

　当社グループでは，以下の3つのマテリアリティに対し指標及び目標数値を設定しております。サステナビリティ委員会によって各指標の進捗状況がモニタリングされ，結果にもとづき取り組みに反映しております。なお，2023年3月期実績に関しては，2023年度統合報告書にて開示予定としております。

	マテリアリティ	モニタリング指標	目標数値	2022年3月期実績	データ集計対象社
提供価値	ⅰ マーケティングの進化とイノベーション創出による新しい価値の創造	マーケティング実績領域の売上総利益伸長率	年率+10%以上（注1）	前期比+24.3%	当社グループ
		インターネット領域売上高伸長率	年率+15%以上（注1）	前期比+18.9%	当社グループ
		海外売上総利益伸長率	年率+15%以上（注1）	前期比+24.3%	当社グループ
経営基盤	ⅱ 高度なクリエイティビティを発揮できる人材マネジメント（投資・育成・環境整備）	人財獲得・育成のための投資額	（注3）	23.2億円	㈱博報堂、㈱大広、㈱読広、㈱アイレップ、㈱博報堂DYメディアパートナーズ、デジタル・アドバタイジング・コンソーシアム㈱
		能力開発のための延べ面談時間	（注3）	15,983時間	㈱博報堂、㈱大広、㈱読広、㈱アイレップ、㈱博報堂DYメディアパートナーズ
		健康診断受診率	（注3）	99.8%	㈱博報堂、㈱大広、㈱読広、㈱アイレップ、㈱博報堂DYメディアパートナーズ、デジタル・アドバタイジング・コンソーシアム㈱
		健康維持・改善率	（注3）	76.4%	㈱博報堂、㈱博報堂DYメディアパートナーズ
		女性管理職比率	2030年度：30%	9.6%	㈱博報堂、㈱大広、㈱読広、㈱アイレップ、㈱博報堂DYメディアパートナーズ、デジタル・アドバタイジング・コンソーシアム㈱
		育児休暇からの復職率	（注3）	95.7%	㈱博報堂、㈱大広、㈱読広、㈱アイレップ、㈱博報堂DYメディアパートナーズ、デジタル・アドバタイジング・コンソーシアム㈱
	ⅲ 生活者や社会との共生を目指すコーポレートガバナンスの強化	CO2排出量スコープ1+2（注2）	2030年度：50%削減　2050年度：ニュートラル	14.3%減	㈱博報堂、㈱大広、㈱読広、㈱博報堂DYメディアパートナーズ、㈱博報堂プロダクツ
		CO2排出量スコープ3（注2）	2030年度：30%削減	36.2%減	㈱博報堂、㈱大広、㈱読広、㈱博報堂DYメディアパートナーズ、㈱博報堂プロダクツ
		再エネ導入目標	2030年度：60%　2050年度：100%	0%	㈱博報堂、㈱大広、㈱読広、㈱博報堂DYメディアパートナーズ、㈱博報堂プロダクツ
		省エネルギー目標	30%削減	13.4%減	㈱博報堂、㈱大広、㈱読広、㈱博報堂DYメディアパートナーズ、㈱博報堂プロダクツ
		廃棄物削減目標	平均50%以上の削減維持	36.0%減	㈱博報堂東京本社
		リサイクル率	平均85%以上	84.6%	㈱博報堂東京本社

（注）1　2021年3月期を基準とした2024年3月期までの年平均成長率
　　　2　気候変動対応項目の目標数値はいずれも2019年度より算定
　　　3　実績管理

(2)　個別テーマの取り組み

1.　気候変動への対応

＜TCFDへの対応について＞

当社グループでは「気候関連財務情報開示タスクフォース（TCFD）」の提言に賛同しています。気候変動が及ぼす重要リスク・機会の洗い出しと，定量的な財務面の評価を2022年度より開始し，気候変動への積極的な対応は，将来の財務効果を生み出す可能性があることが確認できました。

①　ガバナンス

気候変動に関するガバナンスは，ESG戦略のガバナンスに組み込まれています。毎年サステナビリティ委員会において経営レベルで監督及び，進捗管理や見直しを行っており，必要に応じてグループコンプライアンス委員会へ上申する，適切なリスク管理体制を構築しています。　詳細は「第2　事業の状況　2サステナビリティに関する考え方及び取組（1）サステナビリティ戦略　①ガバナンス」に記載しております。

②　戦略

気候変動により平均気温が4℃上昇することは，社会に非常に大きな影響を及ぼすことから，世界全体が気温上昇を1.5℃に抑えることを目指していることに貢献することが重要であると認識しています。当社グループでは，シナリオ分析の範囲として，当社グループの主要事業地域である日本国内を中心に，研究開発・調達・生産・サービス供給までのバリューチェーン全体について，平均気温の増加幅別に2つのシナリオを想定し，2030年以降の長期想定で考察しました。

　ⅰ．1.5℃シナリオ：今世紀末の地球の平均気温が産業革命前と比較して1.5℃
　　上昇以内に抑えられるシナリオ（一部2℃シナリオも併用）

　ⅱ．4℃シナリオ：今世紀末の地球の平均気温が産業革命前と比較して4℃前
　　後上昇するシナリオ

③　リスク管理

［気候変動のリスクと当社における対応移行リスク］

1.5℃シナリオでは，炭素税導入や電力等のエネルギー価格上昇に伴うコスト増のリスクがある一方，一般消費者の嗜好変化による低炭素排出製品・サービス

を取り扱う顧客からの売り上げ増や，脱炭素に貢献するサービスの提供により，当社の企業価値向上の機会があることを確認しています。一方で，このことは，脱炭素への取り組みが遅れることが事業リスクにもなり得ることも意味しています。

1.5℃シナリオ	種類	項目	時間軸	インパクト	対応策
移行リスク	政策・規制	・化石燃料由来のエネルギー使用に伴うGHG排出への炭素税の導入による事業運営費用の増加	短期～長期	小	・PPAや再エネ電力メニュー、証書等による再エネ電力の調達 ・LED等の省エネ機器の導入 ・従業員への啓発活動を通じた再エネ・省エネの推進
		・再エネ電力需要の高まりによる購入電力単価の上昇	中期～長期	小	
		・賃貸オフィスのZEB化による地代家賃の上昇	中期～長期	小	
	市場	・脱炭素に向けた政策・規制の影響により、GHG排出量が多い業種に関連した企業からの広告収入が減少	中期～長期	大	・自社のスコープ1,2だけでなく、サプライヤーとの連動でのスコープ3削減
	評判	・脱炭素に向けた取り組みが不十分と顧客に評価された場合、新たな事業機会の喪失や他社への流出が発生	中期～長期	大	・TCFDやCOP等を通じた情報開示 ・SBT等のイニチアチブ参加の検討
		・脱炭素に向けた取り組みが不十分と投資家に評価された場合、株価下落	中期～長期	大	
移行機会	市場	・脱炭素や環境配慮製品・サービスを製造・販売する顧客企業からの広告収入が増加	中期～長期	大	・自社のスコープ1,2だけでなく、サプライヤーとの協働でのスコープ3削減
		・当社「SDGsコーポレート価値創造プログラム」等、今後顧客の気候関連問題への意識の高まりに合わせたサービス提供や消費者との環境コミュニケーションを重視する企業や官公庁から普及啓発事業の依頼が増加	中期～長期	大	・SDGsやエシカル消費に関わる啓発活動の推進 ・「ESGトランスフォーメーション」サービス等の事業を通じた気候変動対応への貢献
	評判	・脱炭素に向けた取り組みが積極的だと顧客に評価された場合、新たな事業機会の創出や他社からの流入が発生	中期～長期	大	・TCFDやCOP等を通じた情報開示 ・SBT等のイニチアチブ参加の検討
		・脱炭素に向けた取り組みが積極的だと投資家に評価された場合、株価上昇	中期～長期	大	

4℃シナリオでは，台風・洪水等の激甚的な風水害増加が，当社の事業を支えるオフィスビルの操業停止などのリスクになり得ますが，テレワークの推進等の非常時でも滞りなく事業が継続できるように対応策を進めています。

4℃シナリオ	種類	項目	時間軸	インパクト	対応策
物理リスク	異常気象の激甚化（台風、豪雨、土砂、高潮等）	・洪水や高潮等の被害による資産や営業停止による損害増加	短期～中期	中	・テレワークや調達リスクを分散化する等の自社のBCP対策を推進
		・激甚災害の頻度増加によるBCPニーズの高まりに対応するITソリューション需要の増加	短期～中期	中	・テレワークツール等の提供によるクライアントのBCP推進

これらの分析・対応策の検討は，環境マネジメント分科会より報告を受けたサステナビリティ委員会委員長，および環境管理責任者にて，承認・実施されたものです。今後も継続的にシナリオ分析を実施することで質と量の充実を図り，経営戦略への統合をさらに推し進め，不確実な将来に対応できるレジリエンス（強靭さ）を高めていきます。

④ 指標と目標

当社グループでは，2050年度のカーボンニュートラルを達成するために，中間目標として，2030年度のスコープ1＋2の排出量を2019年度（2020年3月期）比で50％削減，2030年度のスコープ3の排出量を2019年度（2020年3月期）比で30％削減を設定いたしました。また，その実現のために，従来の省エネルギー削減活動だけでなく，再生可能エネルギー由来電力の比率を2030年度時点で全体の60％，50年時点で100％の導入を目指します。

今後，TCFD提言に則って，情報開示の質と量の充実を進めて参りますが，算定範囲及び目標設定範囲の拡大や各種イニシアティブ参加についても検討をしていきます。再生可能エネルギー導入，省エネルギー（ペーパレス），廃棄物削減，リサイクルの主要4分野に関しましても目標設定および対応策の策定を進めてまいります。第三者保証として2021年度のCO_2排出量スコープ1，2，3の一部に関しては，ウェブサイトで開示している「CO_2排出量算定報告書」において，デロイトトーマツサステナビリティ（株）より独立した第三者保証を受けています。なお，2023年3月期実績に関しては，2023年度統合報告書にて開示予定としております。

＜目標と実績＞

項目	目標	基準年 2019年度	2020年度実績	2021年度実績	達成状況
CO2排出量 スコープ1＋2 （注1）	2030年度50%削減（2019年度比） 2050年度ニュートラル	22,540トン	18,868トン	19,657トン	12.8%減
CO2排出量 スコープ3 （注2）	2030年度30%削減（2019年度比）	30,063トン	14,046トン	19,166トン	36.2%減
再エネ導入目標 （注1）	2030年度60%、2050年度100%	0%	0%	0%	2022年度から 一部導入開始 （注4）
省エネルギー目標 （注1）	30%削減（2019年度比）	13,107Kl	11,385Kl	11,886Kl	9.3%減
廃棄物削減目標 （注3）	平均50%以上削減を維持（2019年度比）	486トン	262トン	311トン	36.0%減
リサイクル率 （注3）	リサイクル率85%以上	82.2%	84.8%	84.6%	84.6%

（注）1 博報堂DYグループ国内全拠点合算
   2 博報堂，大広，読売広告社，博報堂DYメディアパートナーズ，博報堂プロダクツの合算
   3 博報堂東京本社分
   4 2022年度には読売広告社本社ビル，2023年度は博報堂およびグループ数社が入居する赤坂Bizタワーで導入開始。
    比率は，2023年度中を目標に計測予定。

2. 人権への対応 ……………………………………………………
＜人権方針への対応について＞

　当社グループは，最大の資産であるクリエイティビティを発揮する人財を通じて，サステナビリティゴールである「生活者一人ひとりが，自分らしく，いきいきと生きていける社会の実現」を目指しています。人権の尊重はグループの存立基盤であり，倫理的かつ持続可能なビジネスの根幹をなすものとして推進しています。私たちは，人権を尊重する責任をよりいっそう果たすべく，「国連ビジネスと人権に関する指導原則」が掲げる保護・尊重・救済のフレームワークに依拠し，取締役会の承認を経て，グループの人権方針を制定しました。本方針は，当社グループで働く全役職員等（役員，正社員，契約社員，派遣社員のすべて）を適用の対象としています。

① ガバナンス

　当社の取締役会は，本方針で規定する人権尊重の活動全般を持続的に監督する責務を持ちます。とりわけ顕著な人権課題への取り組みに関するモニタリング機

（point）**財政状態，経営成績及びキャッシュ・フローの状況の分析**

「事業等の概要」の内容などをこの項目で詳しく説明している場合があるため，この項目も非常に重要。自社が事業を行っている市場は今後も成長するのか，それは世界のどの地域なのか，今社会の流れはどうなっていて，それに対して売上を伸ばすために何をしているのか，収益を左右する費用はなにか，などとても有益な情報が多い。

能を果たしながら，人権侵害への直接的または間接的な関与を回避するため，合理的措置を講じます。サステナビリティ管轄部門である「サステナビリティ推進室」は，サステナビリティ担当取締役のもと，本方針の浸透および人権尊重全般に関する取り組みを推進します。

② 戦略

当社グループは，「国連ビジネスと人権に関する指導原則」に則り，人権尊重の責任を果たすために人権デュー・ディリジェンスを実施することで，グループの事業活動による人権面での影響について説明責任を果たすよう努めていきます。

さらに，人権デュー・ディリジェンスの結果をもとに，顕著な人権問題に対する取り組みに注力するよう努めます。さらには既存事業に加え，M&Aを実施した企業を含む事業会社を対象に，グループ各社の内部統制部門と連携しながら，リスクマネジメントの取り組みの一環として，事業活動で起こりうる人権に対する負の影響の整理・評価・対策を検討していきます。

③ リスク管理

＜顕著な人権課題の特定＞

人権リスクを特定するにあたり，下記の対応ステップを通じて顕著な人権課題の特定を実施しております。

ⅰ．人権課題の網羅的な把握

国際的規範及び業界動向等から想定される重要な人権課題を網羅的に列挙の上，事業展開国・地域における人権課題の調査及び担当者へのヒヤリングを実施。上記を踏まえ，当社グループのバリューチェーン上でどのような人権課題が発生しうるか，候補リストを作成いたしました。

ⅱ．重要度評価

人権への負の影響（発生可能性及び深刻度），当社グループ事業との関連性に基づき，過去及び将来的な発生可能性を考慮し，各人権課題に対して重要度を評価し，優先度を検討いたしました。

ⅲ．顕著な人権課題の特定

ⅱ．の重要性評価に基づき，サステナビリティ委員会で協議の上，顕著な人権課題を特定しております。

顕著な人権課題	特定された人権課題	各種指標	人権への負の影響を受ける可能性のあるライツホルダー		
			従業員	調達先	生活者
表現・情報発信	1. 制作プロセスにおける表現の制約（従業員・調達先）	制作プロセスにおける表現の制約	中	中	－
	2. 表現および情報発信を起因とする差別など（生活者）	表現および情報発信を起因とする差別など	－	－	高
	3. 個人情報の流出、プライバシーの侵害（生活者）	個人情報の流出 プライバシーの侵害	低	－	高
労働	4. 就業における差別、ハラスメント（従業員・調達先）	就業における差別やハラスメント	高	高	－
	5. 採用における差別（調達先）	採用における差別	低	低	－
	6. 過重労働・長時間労働／安全と健康（従業員・調達先）	過重労働・長時間労働／安全と健康	高	高	－
	7. 強制労働（調達先）	強制労働	低	中	－
	8. 児童労働（調達先）	児童労働	低	中	－
宗教	9. 宗教の自由（従業員・調達先）	宗教の自由	中	中	－

＜救済メカニズム（対応窓口）＞

　当社グループでは，全役職員等に対して，企業内通報・相談窓口を設置しており，人権に関する通報や相談を極めて高い匿名性と秘匿性を確保した上で受け付け，人権侵害を受けた方が救済を受けられるように誠実に対応します。さらに，グループ各社における人権に対する負の影響の評価および対応を検討するため，企業内通報・相談窓口に届く人権侵害に関する通報件数および傾向を定期的に確認し，深刻な侵害につながる可能性のある事案に対しては対応策を議論し，グループコンプライアンス委員会への報告を行っています。

＜ステークホルダーとの対話／情報開示＞

　人権に関わる影響について，関連するステークホルダーとの対話と協議を通じて，適切な対応を行います。また，本方針に規定する取り組みを含む，人権尊重に対する活動の進捗および結果をコーポレートサイトにて情報開示することで，より積極的な取り組みを図ります。

＜人権方針の周知浸透／教育＞

　当社グループは，事業活動において本方針の実効性を高めるよう，全役職員等に対する本方針の浸透，周知徹底，および人権に関する理解を深める教育を実施します。また，現在行っている各種ハラスメントに関する研修，広告における表現リスク研修についてもいっそう強化していきます。

④ 指標と目標

　今後人権デューデリジェンスに基づきモニタリング指標や目標を検討してまいります。

3　事業等のリスク

　以下において，当社グループの事業及びその他に関するリスク要因となる可能性があると考えられる主な事項を記載しております。また，必ずしもそのようなリスク要因に該当しない事項についても，投資者の投資判断上，重要であると考えられる事項については，投資者に対する積極的な情報開示の観点から以下に開示しております。

　なお，当社グループは，これらのリスク発生の可能性を認識した上で，発生の回避及び発生した場合の対応に努めてまいりますが，当社の株式に関する投資判断は，本項目及び本書中の本項目以外の記載内容も併せて，慎重に検討した上で行われる必要があります。また，本項目に記載した予想，見通し，方針等，将来に関する事項は，本書提出日現在において判断したものであり，将来実現する実際の結果とは異なる可能性がありますのでご留意ください。

(1)　経済状況・市場環境の変動

　国内企業の広告費の支出は，企業が景況に応じて広告費を調整する傾向にあるため，国内の景気動向に大きく影響を受ける傾向にあります。当社グループの国内売上高は，連結売上高全体に占める割合が高く，国内景況が悪化すると当社グループの財政状態及び経営成績に悪影響を与える可能性があります。

　当社グループは，景況の悪化による影響を軽減するため，広範囲の業種にわたる顧客基盤の構築，マーケティング・コミュニケーションサービスの多様化，海外展開等をはかる所存でありますが，日本経済の回復が遅いもしくは不十分な場合，又は当社グループの対応が十分ではない場合もしくは十分にはかかる影響を軽減できない場合には，当社グループの財政状態及び経営成績に悪影響を与える可能性があります。

（2） 当社グループの事業活動に関するリスク ·······································

　当社グループの新聞・雑誌・ラジオ・テレビといったマスメディア広告の国内売上高は，ここ数年，売上高全体に占める構成比が減少してきているものの，2023年3月期においても，32%程度と大きなシェアを占めております。また，今後も引き続き，広告主のマーケティング活動に活用され，当社グループの中心的な事業のひとつであり続けると認識しております。

　また，インターネット広告は急速に成長しており，今や最大の種目になっております。インターネット広告は従来のマスメディア広告と組み合わせることでより高い広告効果が得られるため，複数のメディアを最適化するプランニングが求められます。

　さらに，近年生活全体のデジタル化が進み，当社グループを取り巻くビジネス環境は大きく変化しております。従来の広告領域の枠を超え，企業のマーケティング活動の実践をもサポートするべく機能拡張を継続しています。当社グループは，環境変化に対応するため事業構造の転換を進めています。しかし，このような取り組みを迅速かつ十分に行うことができない場合，当社グループの財政状態及び経営成績に悪影響を与える可能性があります。

（3） 広告業界における取引慣行 ·······································

　マスメディアの広告取引は，主として，広告主からの受注に基づき行いますが，各広告会社は自社の責任で媒体社等と取引を行うのが一般的です。そのため，広告主の倒産等により，広告料金を回収できなかった場合には，広告会社が媒体料金や制作費を負担することとなり，当社グループの財政状態及び経営成績に悪影響を与える可能性があります。

　また，広告業界では，慣行上，広告計画や内容の変更に柔軟かつ機動的に対応できるよう契約書を締結することは一般的には行われておりません。当社グループにおいても，継続的な取引関係が成立している広告主との間であっても，個別取引に関する書面は存在するものの，基本契約書等を締結していないことが一般的であります。そのため，広告主との間で明確な契約書を締結していないことにより，取引関係の内容，条件等について疑義が生じたり，これをもとに紛争が生

(point) **設備投資等の概要**

　　セグメントごとの設備投資額を公開している。多くの企業にとって設備投資は競争力
　　向上・維持のために必要不可欠だ。企業は売上の数%など一定の水準を設定して毎年
　　設備への投資を行う。半導体などのテクノロジー関連企業は装置産業であり，技術発
　　展のスピードが速いため，常に多額の設備投資を行う宿命にある。

じたりする可能性があります。

　なお，欧米では「一業種一社制」（同一業種では一社のみの広告主を広告代理店が担当する取引形態）が一般的であり，広告会社の報酬構造や報酬決定方法も異なっております。日本においてはこのような取引形態は一般的ではありませんが，欧米の広告主，広告会社が日本に進出してきている昨今の状況に鑑みると，今後これらの取引形態及び報酬構造や報酬決定方法が日本の広告の取引慣行に影響を与える可能性があります。当社グループにおきましては，こうした動向に対応し，サービス形態の多様化等に努めてきておりますが，今後，取引慣行の動向・変化に適切に対応できない場合には，当社グループの財政状態及び経営成績に悪影響を与える可能性があります。

（4）　法規制等の導入や変更 ···

　広告主の広告活動，メディアにおける広告の掲載・放送方法や内容等，広告会社の事業活動等に関する法令・規制・制度の導入や強化，法令等の解釈の変更等がなされる場合があります。法規制等の導入や強化等に対して当社グループが適切に対応できない場合又は広告主の広告活動が減少する場合には，当社グループの財政状態及び経営成績に悪影響を与える可能性があります。

（5）　広告主との関係 ···

　当社グループと広告主の間は，継続的な取引関係が成立しておりますが，広告主がコスト削減，取引関係の合理化等の要請を強める昨今の状況の中で，今後取引関係が解消，縮減等されない保証はなく，また，報酬等の水準は当事者間の合意によるものであり，その水準が今後も保証されるものではありません。従前と同様の取引関係が継続されない場合又は従前の取引条件が変更される場合には，当社グループの財政状態及び経営成績に悪影響を与える可能性があります。なお，2023年3月期における当社グループの上位広告主10社に対する売上高は，当社グループの国内売上高の21％程度となっております。

---

point **主要な設備の状況**

　　「設備投資等の概要」では各セグメントの1年間の設備投資金額のみの掲載だが，ここではより詳細に，現在セグメント別，または各子会社が保有している土地，建物，機械装置の金額が合計でどれくらいなのか知ることができる。

（6）　媒体社との関係

　当社グループの広告事業においては，新聞・雑誌・ラジオ・テレビといったマスメディアの広告及びインターネット広告に関する事業が主体であるため，主要媒体社等からの仕入れの依存度は高くなっております。

　当社グループと媒体社等は，長年の継続的な取引関係が成立しておりますが，媒体社等との取引が継続されない場合又は取引条件等が変更された場合には，当社グループの財政状態及び経営成績に悪影響を与える可能性があります。

（7）　競合に関するリスク

　日本の広告業界では，サービスの多様性，対応力，企画力，販売力等の観点から，売上高で上位の広告会社への集中傾向が高く，またインターネット広告専業を含む上位広告会社を中心に熾烈な競争が行われております。更には，大手の海外広告会社や各種プラットフォーマーも参入し，競争がますます激しくなる傾向にあります。

　また，事業領域を拡大していく中で，コンサルティング会社など異業種企業と新たな競合が生じる機会も増加してきております。

　当社グループは，サービスの多様化，企画力，創造的提案力，経験，広告主との長年の継続的な取引関係等により競争上の優位性を確保していく所存でありますが，今後かかる優位性を確保できる保証はなく，優位性を逸した場合あるいは競争の激化に伴い報酬が低下した場合には，当社グループの財政状態及び経営成績に悪影響を与える可能性があります。

（8）　インターネット広告等の進展

　近年，インターネット広告の進展は著しく，この分野においては技術の進化や多様な広告手法が生み出されております。当社グループは，早期の段階からインターネットメディアレップ会社であるデジタル・アドバタイジング・コンソーシアム株式会社を設立し，この分野に積極的な取り組みを行ってまいりました。また，新規メディアと既存メディアを組み合わせた統合的なソリューションを提供することを競争力の源泉としております。

しかしながら，今後，インターネットメディアの拡大をはじめとしたマーケティングのデジタル化の進展に対して当社グループが適切に対応できない場合，又は新しいメディアやマーケティング手法に対する当社グループの事業戦略や取り組みが功を奏しないもしくは十分でない場合には，当社グループのサービスの低下をきたし，当社グループの財政状態及び経営成績に悪影響を与える可能性があります。

(9)　当社グループの事業展開に関するリスク

当社グループは，総合広告会社である株式会社博報堂，株式会社大広，株式会社読売広告社，株式会社 HakuhodoDY Matrix，次世代型デジタルエージェンシーである株式会社アイレップ及びソウルドアウト株式会社，総合メディア・コンテンツ事業会社である株式会社博報堂DYメディアパートナーズ，デジタル・アドバタイジング・コンソーシアム株式会社の8社並びに専門性と先進性の継続的な当社グループへの取り込みを狙った当社傘下の事業組織「kyu」に加えて，各組織がそれぞれ所有する広告関連サービスを提供する子会社群等から形成されており，広告主に対しワンストップでのマーケティング・コミュニケーションサービスを提供すべく事業展開をしております。また，中期経営計画においては「提供サービスの変革」「変革を加速する横串機能の強化」「従来戦略に基づく変革の継続」「サステナブルな企業経営のための基盤強化」に向けて積極的な投資戦略をとることとしており，M&Aを成長基盤強化のための重要な手段のひとつとして位置づけております。

グループ会社を通じた事業展開，すなわちインターネット分野等の特定の事業や専門マーケティングサービスに特化，注力する会社の設立，買収，資本業務提携等により出資を含むグループ会社関係を構築することについては，出資額あるいは場合によっては出資額を超える損失が発生するリスク，グループの信用低下リスク等を伴う可能性があり，出資会社の事業活動や経営成績によっては，当社グループの財政状態及び経営成績に悪影響を与える可能性があります。

(point) **設備の新設，除却等の計画**

ここでは今後，会社がどの程度の設備投資を計画しているか知ることができる。毎期どれくらいの設備投資を行っているか確認すると，技術等での競争力維持に積極的な姿勢かどうか，どのセグメントを重要視しているか分かる。また景気が悪化したときは設備投資額を減らす傾向にある。

（10）　知的財産権 ··

　広告業一般におけると同様，当社グループにおいても，事業活動を行う過程で，当社グループが所有する又は使用許諾を受けている以外の知的財産権を侵害してしまうおそれ，また逆に当社グループが所有する知的財産権が侵害されてしまうおそれがあり，当社グループがかかる事態を防止し，あるいは適切な回復をすることができない可能性があります。その場合，当社グループの財政状態，経営成績及び社会的信用に悪影響を与える可能性があります。

（11）　人材の確保及び育成 ··

　当社グループの成長性及び競争上の優位性は，優秀な人材の確保に大きく依存します。人材に関しては，新卒者の安定的採用や即戦力となる中途採用の推進により確保をはかり，各職責，能力，市場環境の変化に対応した教育研修等による育成に努めておりますが，何らかの理由により優秀な人材が流出する可能性や人材の確保に支障をきたすおそれもあります。かかる事態が生じた場合，当社グループの競争力に悪影響を与える可能性があります。

（12）　メディア・コンテンツビジネスに関わるリスク ····················

　当社グループは，今後もスポーツ等イベントの権利取得や興業，映画製作への投資，アニメ・キャラクター関連番組制作等のコンテンツ関連ビジネスを行ってまいります。しかしながら，メディア・コンテンツビジネスの事業展開には，投資リスクを伴うものもあり，計画通りに進行しない場合又は収益を確保できない場合には当社グループの財政状態及び経営成績に悪影響を与える可能性があります。

（13）　海外市場展開 ··

　当社グループは，広告主のニーズに応えるため，また中期経営計画における成長の重点の一つとして，海外市場における更なる拠点拡充や専門マーケティングサービス企業の M&A によるグループ内への取り込みを含め，積極展開をはかってまいりますが，これらの事業展開には，海外の事業投資に伴うリスク（為替リ

(point) 株式の総数等

　発行可能株式総数とは，会社が発行することができる株式の総数のことを指す。役員会では，株主総会の了承を得ないで，必要に応じてその株数まで，株を発行することができる。敵対的 TOB では，経営陣が，自社をサポートしてくれる側に，新株を第三者割り当てで発行して，買収を防止することがある。

スク，カントリーリスク等），出資額あるいは出資額を超える損失が発生するリスク，グループの信用低下リスク等を伴う可能性があり，計画通りに事業展開ができない場合には，当社グループの財政状態及び経営成績に悪影響を与える可能性があります。

（14） グループ経営基盤に関わるリスク

当社グループは，持株会社体制という枠組みの持つ優位性等，経営統合の相乗効果を最大限活用し，グループ経営基盤の強化に努めてまいりますが，持株会社統治等の効果が十分発揮されなかった場合には当社グループの財政状態及び経営成績に悪影響を与える可能性があります。

また，資金運用面においても，グループ内での資金運用，配分の効率化を進めておりますが，その効果が十分に発揮されない場合には，当社グループの財政状態及び経営成績に悪影響を与える可能性があります。

なお，グループ経営基盤の強化，資金運用の効率化などの効果が十分に発揮されたとしても，他の不確定要因により当社グループの財政状態及び経営成績が当社の予想している水準に達する保証はありません。

（15） 訴訟等に関わるリスク

当社グループは，様々な要因により今後直接又は間接的に，何らかの訴訟・紛争に関与することとなる可能性は否定できません。当社グループが訴訟・紛争に関与した場合，その経過・結果如何によっては，当社グループの財政状態，経営成績及び社会的信用に悪影響を与える可能性があります。

なお，2022年9月27日に東京2020オリンピック・パラリンピック競技大会のスポンサー選考において連結子会社である株式会社大広の執行役員1名が贈賄の疑いにより東京地方検察庁に逮捕され，同年10月18日に起訴されました。また，2023年2月28日に同大会に関して実施された各テストイベント計画立案等業務委託契約等（本業務）に関し，独占禁止法違反（不当な取引制限）の疑いがあるとして，連結子会社である株式会社博報堂と本業務に従事していた株式会社博報堂DYメディアパートナーズの社員1名が，公正取引委員会からの告発を受

(point) **連結財務諸表等**

ここでは主に財務諸表の作成方法についての説明が書かれている。企業は大蔵省が定めた規則に従って財務諸表を作るよう義務付けられている。また金融商品法に従い，作成した財務諸表がどの監査法人によって監査を受けているかも明記されている。

け東京地方検察庁より起訴されました。

（16） 投資有価証券に関わるリスク ·······················

　当社グループは，投資有価証券の評価基準及び評価方法として，投資有価証券のうち時価のあるものについては期末の時価を適用し，株式市況等の変動により評価損を計上する可能性があります。そのほか，投資有価証券については，発行会社の財務状況や今後の見通しなどに鑑み，時価が著しく下落し，その回復が見込めない場合には，減損処理により評価損を計上する可能性があります。このような状況になった場合，当社グループの財政状態及び経営成績に悪影響を与える可能性があります。

（17） 退職給付債務に関わるリスク ·······················

　当社グループの退職給付債務及び退職給付費用は，割引率，年金資産の期待運用収益率等の一定の前提条件に基づいて数理計算を行っております。実際の結果が前提条件と異なる場合又は前提条件が変更された場合，その差額は将来にわたって規則的に損益認識されます。金利の低下，運用利回りの低下，年金資産の時価の下落等があった場合や退職金制度，年金制度を変更した場合には，追加的な退職給付に係る負債の計上，未認識の過去勤務費用の発生又は将来の退職給付費用の増加により，当社グループの財政状態及び経営成績に悪影響を与える可能性があります。当社グループは，これらの影響を軽減すべく退職給付制度の一部を2018年4月以降，確定給付年金から確定拠出年金に変更しておりますが，引き続き確定給付年金も残されているため，これらの可能性を完全になくすことはできません。また，退職給付に関する会計基準の変更等により，従来の会計方針を変更した場合には，当社グループの財政状態及び経営成績に悪影響を与える可能性があります。

（18） 役職員等の不正行為のリスク ·······················

　当社グループは，その規模，業務範囲及び活動領域が広範に亘っていることから，日常的に，その役職員が法令や社内規定を遵守しているとの確証を得ること

(point) **連結財務諸表**

　ここでは貸借対照表（またはバランスシート，BS），損益計算書(PL)，キャッシュフロー計算書の詳細を調べることができる。あまり会計に詳しくない場合は，最低限，損益計算書の売上と営業利益を見ておけばよい。可能ならば，その数字が過去5年，10年の間にどのように変化しているか調べると会社への理解が深まるだろう。

はできません。法令及び社内規定の遵守のための様々な取組みをもってしても，役職員の不正行為を完全に防止できる保証はありません。また，当社グループの取引先等の不正行為への関与が問題となる可能性もあります。そのほか，当社グループの役職員又はその取引先等により顧客情報その他の機密情報が漏洩したり不正に使用されたりする可能性もあります。これらの役職員等の不正行為により，当社グループの財政状態，経営成績及び社会的信用に悪影響を与える可能性があります。

(19) 災害，事故，紛争（あるいは戦争），感染症の流行等に関わるリスク ……

当社グループが事業を遂行又は展開する地域において，自然災害，電力その他の社会的インフラの障害，通信・放送の障害，流通の混乱，大規模な事故，伝染病，戦争，テロ，政情不安，社会不安等が起こった場合には，当社グループ又は当社グループの取引先の事業活動に悪影響を及ぼすことが想定されます。

近年では，こうした災害，事故，紛争（あるいは戦争），感染症の流行，及びその回復状況等が，当社グループの財政状態及び経営成績に悪影響を与える可能性があります。

(20) 情報システムに関わるリスク ……………………………………………

当社グループは，広告主のマーケティング又は広告に関する情報の管理を含む当社グループの事業のために，情報システムを使用し，情報インフラに依存しております。当社グループ又は当社グループが利用する第三者の情報システムに，システムの障害や停止，システムへの不正なアクセス，コンピュータウィルスの侵入，サイバーアタック，従業員の不適正な事務・事故・不正等による人為的過誤などが発生した場合，また同様の要因により情報の外部漏洩・不正使用等が発生した場合，当社グループ又は当社グループの取引先の事業活動あるいは当社グループの社会的信用に悪影響を及ぼし，当社グループの財政状態及び経営成績に悪影響を与える可能性があります。

4　経営者による財政状態，経営成績及びキャッシュ・フローの状況の分析

　当連結会計年度における当社グループの財政状態，経営成績及びキャッシュ・フロー（以下，「経営成績等」という。）の状況の概要並びに経営者の視点による当社グループの経営成績等の状況に関する認識及び分析・検討内容は次のとおりであります。

　なお，文中の将来に関する事項は，当連結会計年度末現在において判断したものであります。

（1）　経営成績

　当連結会計年度における日本経済は，内需主導での緩やかな回復を基調としつつも，ウクライナ問題に伴う資源価格高騰や世界的な金利上昇，急激な円安進行など景気後退の懸念材料もあり，景気持ち直しの動きに一部弱さが見られました。国内広告市場（注1）は，夏場に東京五輪の反動影響によって大きく前年を下回ったことに加え，下期以降も軟調な経済環境を背景に前年並みの水準に留り，1年を通じて低調な市場動向となりました。

①　売上高及び収益

　当連結会計年度の売上高（注2）は1兆6,343億40百万円（前期比7.6％増収），収益は9,911億37百万円（同10.7％増収）となりました。

　当連結会計年度の売上高を種目別に見ますと，4マスメディアでは雑誌を除いて前年を下回りました。一方，インターネットメディアが高い伸びとなり，マーケティング／プロモーションにおける大型案件の寄与もあり，その他の全種目で前年を上回りました。

　また，得意先業種別では，「飲料・嗜好品」及び「交通・レジャー」などで前年を下回りましたが，「官公庁・団体」及び「外食・各種サービス」で前年を大きく上回り，21業種中，約半分の11業種が前年を上回りました。（注3）

②　売上総利益及び営業利益

　売上総利益に関しても，4,035億64百万円（前期比4.3％増加）と前期より164億70百万円の増加となりました。なお，このうち国内事業については3,075億37百万円と1.1％の減少，海外事業についてはアジアにおける回復基調に加えて為替影響もあり，1,020億49百万円と29.1％の増加となりました。販売費及

び一般管理費において，中期的な成長を見据えた戦略費の投下や活動費の戻りによる費用の増加があった結果，営業利益は554億9百万円（同22.7％減少）となりました。

③　営業外損益及び経常利益

　営業外収益は，受取配当金が22億22百万円，条件付取得対価に係る公正価値変動額が16億84百万円計上されたこと等により，前年同期比2億27百万円減少の74億56百万円となりました。

　営業外費用は，支払利息が6億70百万円，投資事業組合運用損が5億97百万円計上されたこと等により，前年同期比10億98百万円減少の24億86百万円となりました。

　以上の結果，経常利益は前年同期比20.3％減少の603億78百万円となりました。

④　特別損益及び税金等調整前当期純利益

　投資有価証券売却益を24億78百万円計上したこと等の結果，特別利益は44億88百万円となりました。また投資有価証券評価損を17億19百万円，特別退職金を12億6百万円計上したこと等の結果，特別損失は56億56百万円となりました。以上を加味した税金等調整前当期純利益は592億10百万円（前期比37.5％減少）となりました。

⑤　法人税等，非支配株主に帰属する当期純利益及び親会社株主に帰属する当期純利益

　法人税，住民税及び事業税と法人税等調整額の合計は，前年同期比101億22百万円減少の257億24百万円，非支配株主に帰属する当期純利益は，前年同期比12億7百万円減少の24億76百万円となりました。

　以上の結果，親会社株主に帰属する当期純利益は310億10百万円（前期比43.8％減少）となり，前期より241億69百万円の減益となりました。

(注)1　「特定サービス産業動態統計調査」（経済産業省）によります。
　　2　当社の社内管理上の区分と集計によります。

(2)　財政状態 ···

　当連結会計年度末の総資産は，前連結会計年度末に比べ266億円減少し，1

兆264億15百万円となりました。

　主な増減は，現金及び預金の減少210億2百万円，受取手形及び売掛金の減少272億96百万円，棚卸資産の減少191億98百万円，のれんの増加265億80百万円であります。

　負債は，前連結会計年度末に比べ290億円減少し，6,366億1百万円となりました。主な増減は，1年内返済予定の長期借入金の増加1,045億7百万円，賞与引当金の減少122億8百万円，未払法人税等の減少219億36百万円，長期借入金の減少1,048億30百万円であります。

　純資産は，前連結会計年度末に比べ24億円増加し，3,898億14百万円となりました。主な増減は，その他有価証券評価差額金の減少107億50百万円，利益剰余金の増加169億61百万円であります。

(3)　キャッシュ・フローの状況 ……………………………………………

　当連結会計年度末における現金及び現金同等物は，前連結会計年度末に比べて216億15百万円減少し，1,590億81百万円となりました。

（営業活動によるキャッシュ・フロー）

　営業活動によるキャッシュ・フローは，税金等調整前当期純利益（592億10百万円）の計上等に対して，売上債権の減少（361億28百万円），前受金の減少（△253億17百万円），法人税等の支払額（△519億19百万円）等があり，380億35百万円の増加（前連結会計年度末は208億52百万円の増加）となりました。

（投資活動によるキャッシュ・フロー）

　投資活動によるキャッシュ・フローは，無形固定資産の取得による支出（△109億3百万円），子会社株式及び出資金の取得による支出（△86億30百万円）等により，327億92百万円の減少（前連結会計年度末は112億92百万円の減少）となりました。

（財務活動によるキャッシュ・フロー）

　財務活動によるキャッシュ・フローは，自己株式の取得による支出（△67億13百万円），長期借入金の返済による支出（△49億82百万円），配当金の支払額（△123億25百万円）等により，288億39百万円の減少（前連結会計年度末

は86億98百万円の減少）となりました。

（4） 生産，受注及び販売の状況 ……………………………………………

　当社グループは，広範囲かつ多種多様にわたる広告業務サービスの提供を主たる事業としており，その内容，構造，形式が必ずしも一様ではないため，生産実績及び受注実績について，その金額あるいは数量を記載しておりません。

　また，販売実績については，（1）経営成績に含めて記載しております。

（5） 経営方針・経営戦略，経営上の目標の達成状況を判断するための客観的な指標等 ……………………………………………………………………

　当社グループは，2019年5月に2024年3月期を最終年度とする中期経営計画を発表し，各種取り組みを進めてきましたが，コロナ禍の影響によりビジネス環境が激変したことを受け，一旦目標をとり下げ，2022年2月に，2022年3月期から3ヵ年の見直し中期経営計画を発表しました。同計画では，中期経営目標及び同目標を達成するにあたり注視すべき重点指標を掲げております。

　当連結会計年度においては，広告需要の回復の取り込みに加えて，為替影響やM＆Aの押し上げ効果もあり，積極的な戦略投資を行いながらも，中期経営目標として掲げた投資事業の影響を除外した調整後連結売上総利益及び調整後連結のれん償却前営業利益の基準年（注）からの年平均成長率は，ともに二桁増の水準を維持しております。投資事業の損益を含めた連結のれん償却前営業利益も同様に，基準年から年平均二桁以上の伸びを継続しております。

　重点指標として掲げている，調整後連結のれん償却前オペレーティング・マージンは，変革を進めるための積極的な戦略投資や行動制限の緩和にともなう活動費の戻りといったコスト増の要因がある一方で，これまで取り組んできたコスト構造改革の効果もあり，目標として掲げている15%を上回る水準での着地となりました。のれん償却前ROEについても，13.1%と目標値である10%以上の水準を維持しております。

　また，中期経営計画では本計画期間を「提供サービスと事業基盤の変革を加速する期間」と位置付けておりますが，"生活者データ・ドリブン"フルファネル

マーケティングの実践をはじめとする，掲げた各種戦略は着実に進捗しています。具体的な取り組みとしては，2022年4月に子会社化した，地方や中小，ベンチャー企業向けのデジタルサービスの提供に強みを持つソウルドアウト（株）のグループ内連携や，H-AIシリーズに代表される AI技術を活用した多様なソリューションの開発／提供の積極的な推進，グループのコーポレート機能の高度化・効率化を推進する博報堂DYコーポレートイニシアティブの設立などが挙げられます。

　依然として，国内外の経済の先行きは不確実性の高い状況にありますが，引き続き，掲げた中期戦略の推進に一層注力し，中期経営計画の達成を目指してまいります。

(注)　基準年：2021年3月期

(6)　キャッシュ・フローの状況の分析・検討内容並びに資本の財源及び資金の流動性に係る情報 ……………………………………………………………………

　当社グループは，経営環境のいかなる変化のもとでも事業活動を安定的に継続させる為に必要な手元流動性を確保した上で，事業活動から生み出されるネットキャッシュを，中期経営計画に基づき成長分野に重点的に投下することを基本方針としております。また，安定かつ継続的に株主に配当を実施することを株主還元の基本方針とし，資金需要の状況，業績の動向及び内部留保の充実等を総合的に勘案の上，配当額を決定しております。

　将来の成長の為に必要な投資資金や株主還元の為の資金は，前述の通り自己資金から賄うことを基本方針としておりますが，M＆Aや設備投資は個別案件毎の規模やタイミングにも依存するため，状況次第では手元資金のみで賄えない場合も想定されます。このような場合には，当社グループの財務状況や金融・資本市場の動向を鑑み，コストや機動性等を精査した上で，金融機関からの借入等の適切な手段で資金調達を実行する所存であります。

　なお，現在の当社グループの財政状態等から勘案すると，十分な資金調達能力を有していると判断しております。

(7)　重要な会計上の見積り及び当該見積りに用いた仮定 ……………………………

　当社グループの連結財務諸表は，我が国において一般に公正妥当と認められて

いる会計基準に基づいて作成されております。この連結財務諸表の作成にあたって，資産，負債，収益及び費用の報告額に影響を及ぼす見積り及び仮定を用いておりますが，これらの見積り及び仮定に基づく数値は実際の結果と異なる可能性があります。

　連結財務諸表の作成にあたって用いた会計上の見積り及び仮定のうち，重要なものは「第5　経理の状況　1　連結財務諸表等　(1) 連結財務諸表　注記事項（重要な会計上の見積り）」に記載しております。

■ 設備の状況

1 設備投資等の概要

　当連結会計年度の設備投資については，営業支援，経営管理機能の充実等を目的として継続的に実施しております。当連結会計年度の設備投資等の総額は17,908百万円であります。なお，有形固定資産のほか，無形固定資産への投資を含めて記載しております。

2 主要な設備の状況

　当社グループ（当社及び連結子会社）における主要な設備は以下のとおりであります。

　なお当社グループは，総合広告会社として広告主等に対するマーケティング・コミュニケーションサービス全般の提供を主として営む単一セグメントであります。

(1) 提出会社

2023年3月31日現在

事業所名 （所在地）	設備の内容	帳簿価額（百万円）					従業員数 （名）
		建物及び 構築物	土地 （面積㎡）	リース 資産	その他	合計	
本社等 （東京都港区）	事務所	820 〔682〕	－	342	842	2,005	266 (32)

　(注) 1　帳簿価額「その他」は車両運搬具並びに工具，器具及び備品であります。

　　　2　上記中〔　〕内は連結会社以外からの賃借設備にかかる賃借料で，外数であります。

　　　3　上記の他，無形固定資産（ソフトウェア）の帳簿価額は86億17百万円であります。

　　　4　従業員数欄の（　）は，臨時従業員の年間平均雇用人員数であり，外数であります。

(2) 国内子会社 ·····································

① (株) 博報堂

2023年3月31日現在

事業所名 (所在地)	設備の内容	帳簿価額 (百万円)					従業員数 (名)
		建物及び 構築物	土地 (面積㎡)	リース 資産	その他	合計	
本社 (東京都港区)	事務所	2,064 〔5,099〕	–	–	679	2,743	3,617 (419)
関西支社 (大阪府大阪市)	事務所	73 〔177〕	–	–	78	151	140 (26)
中部支社 (愛知県名古屋市)	事務所	– 〔29〕	–	–	0	0	37 (7)

(注) 1　帳簿価額「その他」は車両運搬具並びに工具，器具及び備品であります。
　　 2　上記中〔　〕内は連結会社以外からの賃借設備にかかる賃借料で，外数であります。
　　 3　上記の他，無形固定資産 (ソフトウェア) の帳簿価額は3億98百万円であります。
　　 4　従業員数欄の ( ) は，臨時従業員の年間平均雇用人員数であり，外数であります。

② (株) 大広

2023年3月31日現在

事業所名 (所在地)	設備の内容	帳簿価額 (百万円)					従業員数 (名)
		建物及び 構築物	土地 (面積㎡)	リース 資産	その他	合計	
本社(本店) (大阪府大阪市)	事務所	154 〔210〕	–	–	16	170	208 (11)
東京本社 (東京都港区)	事務所	259 〔541〕	–	–	154	414	357 (22)

(注) 1　帳簿価額「その他」は工具，器具及び備品であります。
　　 2　上記中〔　〕内は連結会社以外からの賃借設備にかかる賃借料で，外数であります。
　　 3　上記の他，無形固定資産 (ソフトウェア) の帳簿価額は2億23百万円であります。
　　 4　従業員数欄の ( ) は，臨時従業員の年間平均雇用人員数であり，外数であります。

③ (株) 博報堂DYメディアパートナーズ

2023年3月31日現在

事業所名 (所在地)	設備の内容	帳簿価額 (百万円)					従業員数 (名)
		建物及び 構築物	土地 (面積㎡)	リース 資産	その他	合計	
本社 (東京都港区)	事務所	– 〔1,015〕	–	–	0	0	876 (91)
関西支社 (大阪府大阪市)	事務所	6 〔96〕	–	–	0	6	100 (8)
中部支社 (愛知県名古屋市)	事務所	– 〔15〕	–	–	0	0	17 (0)

(注) 1　帳簿価額「その他」は車両運搬具並びに工具，器具及び備品であります。

2　上記中〔　〕内は連結会社以外からの賃借設備にかかる賃借料で，外数であります。

3　上記の他，無形固定資産（ソフトウェア）の帳簿価額は1億3百万円であります。

4　従業員数欄の（　）は，臨時従業員の年間平均雇用人員数であり，外数であります。

④　（株）読売広告社　　　　　　　　　　2023年3月31日現在

事業所名 (所在地)	設備の内容	帳簿価額（百万円）					従業員数 (名)
		建物及び構築物	土地 (面積㎡)	リース資産	その他	合計	
本社 (東京都港区)	事務所	155 〔531〕	－	－	25	181	475 (41)

(注) 1　帳簿価額「その他」は車両運搬具並びに工具，器具及び備品であります。

2　上記中〔　〕内は連結会社以外からの賃借設備にかかる賃借料で，外数であります。

3　上記の他，無形固定資産（ソフトウェア）の帳簿価額は4百万円であります。

4　従業員数欄の（　）は，臨時従業員の年間平均雇用人員数であり，外数であります。

⑤　（株）アイレップ　　　　　　　　　　2023年3月31日現在

事業所名 (所在地)	設備の内容	帳簿価額（百万円）					従業員数 (名)
		建物及び構築物	土地 (面積㎡)	リース資産	その他	合計	
本社 (東京都渋谷区)	事務所	376 〔554〕	－	－	131	507	906 (37)

(注) 1　帳簿価額「その他」は車両運搬具並びに工具，器具及び備品であります。

2　上記中〔　〕内は連結会社以外からの賃借設備にかかる賃借料で，外数であります。

3　上記の他，無形固定資産（ソフトウェア）の帳簿価額は11億4百万円であります。

4　従業員数欄の（　）は，臨時従業員の年間平均雇用人員数であり，外数であります。

⑥　デジタル・アドバタイジング・コンソーシアム（株）　2023年3月31日現在

事業所名 (所在地)	設備の内容	帳簿価額（百万円）					従業員数 (名)
		建物及び構築物	土地 (面積㎡)	リース資産	その他	合計	
本社 (東京都渋谷区)	事務所	945 〔501〕	－	－	363	1,308	1,599 (-)

(注) 1　帳簿価額「その他」は車両運搬具並びに工具，器具及び備品であります。

2　上記中〔　〕内は連結会社以外からの賃借設備にかかる賃借料で，外数であります。

3　上記の他，無形固定資産（ソフトウェア）の帳簿価額は32億25百万円であります。

4　従業員数欄の（　）は，臨時従業員の年間平均雇用人員数であり，外数であります。

(3) 在外子会社 ···

2023年3月31日現在

会社名	事業所名 (所在地)	設備の内容	帳簿価額(百万円)					従業員数 (名)
			建物及び 構築物	土地 (面積㎡)	リース 資産	その他	合計	
SYPartners LLC	ニューヨーク事務所 (アメリカ ニューヨーク 州)	事務所	518 〔250〕	―	―	2,867	3,385	130
Sid Lee Inc.	モントリオール事務所 (カナダ ケベック州)	事務所	3,445 〔403〕	―	―	1,677	5,122	323
IDEO LP	サンフランシスコ事務所 (アメリカ カリフォルニ ア州)	事務所	1,531 〔63〕	―	―	8,556	10,087	176

(注) 1 帳簿価額「その他」は車両運搬具並びに工具，器具及び備品であります。

2 上記中〔 〕内は連結会社以外からの賃借設備にかかる賃借料で，外数であります。

3 設備の新設，除却等の計画

（1） 重要な設備の新設等 ···

特記すべき事項はありません。

（2） 重要な設備の除却等 ···

特記すべき事項はありません。

提出会社の状況

1 株式等の状況

(1) 株式の総数等 ··

① 株式の総数

種類	発行可能株式総数(株)
普通株式	1,500,000,000
計	1,500,000,000

② 発行済株式

種類	事業年度末現在 発行数(株) (2023年3月31日)	提出日現在 発行数(株) (2023年6月29日)	上場金融商品取引所 名又は登録認可金融 商品取引業協会名	内容
普通株式	389,559,436	389,559,436	東京証券取引所 プライム市場	単元株式数　100株
計	389,559,436	389,559,436	－	－

(注) 発行済株式のうち1,001,336株は，譲渡制限付株式報酬として，金銭報酬債権(1,581百万円)を出資の目的とする現物出資により発行したものです。また，発行済株式のうち225,139株は，譲渡制限付株式報酬として，金銭報酬債権(291百万円)を出資の目的とする現物出資により自己株式を処分したものです。

■ 経理の状況

1 連結財務諸表及び財務諸表の作成方法について ……………………………

(1)　当社の連結財務諸表は，「連結財務諸表の用語，様式及び作成方法に関する規則」（1976年大蔵省令第28号。以下，「連結財務諸表規則」という。）に基づいて作成しております。

(2)　当社の財務諸表は，「財務諸表等の用語，様式及び作成方法に関する規則」（1963年大蔵省令第59号。以下「財務諸表等規則」という。）に基づいて作成しております。

　　なお，当社は，特例財務諸表提出会社に該当し，財務諸表等規則第127条の規則により財務諸表を作成しております。

2 監査証明について ………………………………………………………………

　当社は，金融商品取引法第193条の2第1項の規定に基づき，連結会計年度（2022年4月1日から2023年3月31日まで）及び事業年度（2022年4月1日から2023年3月31日まで）の連結財務諸表及び財務諸表について，有限責任あずさ監査法人の監査を受けております。

3 連結財務諸表等の適正性を確保するための特段の取組みについて …………

　当社は，連結財務諸表の適正性を確保するための特段の取組みを行なっております。具体的には，会計基準等の変更等を適切に把握し対応するため，公益財団法人財務会計基準機構に加入しております。

1 連結財務諸表等

（1） 連結財務諸表 ···

① 連結貸借対照表

（単位：百万円）

	前連結会計年度 （2022年3月31日）		当連結会計年度 （2023年3月31日）	
資産の部				
流動資産				
現金及び預金	※1	183,983	※1	162,981
受取手形及び売掛金	※2	438,404	※2	411,108
有価証券		28,537		16,427
金銭債権信託受益権		5,628		3,987
棚卸資産	※3	46,203	※3	27,004
短期貸付金		720		383
その他	※2	52,129	※2	59,555
貸倒引当金		△754		△719
流動資産合計		754,854		680,728
固定資産				
有形固定資産				
建物及び構築物		38,958		41,648
減価償却累計額		△18,996		△19,569
建物及び構築物（純額）		19,961		22,079
土地		9,684		9,640
その他		21,096		51,969
減価償却累計額		△13,618		△25,269
その他（純額）		7,477		26,699
有形固定資産合計		37,124		58,419
無形固定資産				
ソフトウエア		13,471		18,951
のれん		45,097		71,678
その他		13,747		17,837
無形固定資産合計		72,317		108,467
投資その他の資産				
投資有価証券	※4	136,696	※4	132,786
長期貸付金		674		1,499
退職給付に係る資産		9,383		7,698
繰延税金資産		9,893		5,417
その他	※4	34,073	※4	33,335
貸倒引当金		△2,000		△1,936
投資その他の資産合計		188,720		178,800
固定資産合計		298,162		345,687
資産合計		1,053,016		1,026,415

	前連結会計年度 （2022年3月31日）		当連結会計年度 （2023年3月31日）
負債の部			
流動負債			
支払手形及び買掛金	298,670	※6	300,471
短期借入金	10,750		8,938
1年内返済予定の長期借入金	1,671		106,179
未払費用	20,790		24,864
未払法人税等	31,620		9,683
賞与引当金	54,094		41,885
役員賞与引当金	1,452		1,215
その他	※2 86,588	※2	72,612
流動負債合計	505,640		565,850
固定負債			
長期借入金	113,988		9,157
繰延税金負債	14,055		7,756
役員退職慰労引当金	537		479
退職給付に係る負債	14,947		16,208
事業整理損失引当金	175		－
その他	16,256		37,148
固定負債合計	159,961		70,750
負債合計	665,601		636,601
純資産の部			
株主資本			
資本金	10,790		10,790
利益剰余金	319,758		336,720
自己株式	△11,372		△17,925
株主資本合計	319,176		329,585
その他の包括利益累計額			
その他有価証券評価差額金	39,418		28,668
繰延ヘッジ損益	1,561		1,373
為替換算調整勘定	256		9,092
退職給付に係る調整累計額	△2,558		△4,819
その他の包括利益累計額合計	38,678		34,313
新株予約権	225		223
非支配株主持分	29,335		25,691
純資産合計	387,414		389,814
負債純資産合計	1,053,016		1,026,415

② 連結損益計算書及び連結包括利益計算書

連結損益計算書

（単位：百万円）

	前連結会計年度 （自 2021年4月1日 至 2022年3月31日）		当連結会計年度 （自 2022年4月1日 至 2023年3月31日）	
収益	※1	895,080	※1	991,137
売上原価	※2,5	507,986	※2,5	587,572
売上総利益		387,093		403,564
販売費及び一般管理費				
給料及び手当	※5	127,760	※5	146,306
退職給付費用		5,383		6,133
賞与引当金繰入額		48,946		37,313
役員退職慰労引当金繰入額		141		180
役員賞与引当金繰入額		1,400		1,159
のれん償却額		10,047		13,034
貸倒引当金繰入額		△63		△120
その他	※5	121,833	※5	144,148
販売費及び一般管理費合計		315,450		348,154
営業利益		71,642		55,409
営業外収益				
受取利息		480		435
受取配当金		1,713		2,222
持分法による投資利益		2,607		–
為替差益		551		944
投資事業組合運用益		386		
条件付取得対価に係る公正価値変動額		-		1,684
その他		1,944		2,168
営業外収益合計		7,683		7,456
営業外費用				
支払利息		665		670
持分法による投資損失		–		194
投資事業組合運用損		–		597
支払報酬		902		
条件付取得対価に係る公正価値変動額		1,346		–
その他		670		1,024
営業外費用合計		3,585		2,486
経常利益		75,740		60,378
特別利益				
投資有価証券売却益	※7	23,627		2,478
関係会社株式売却益		1,336		1,141
権利譲渡収入		–		350
その他		849		519
特別利益合計		25,812		4,488

（単位：百万円）

	前連結会計年度 （自 2021年4月1日 至 2022年3月31日）	当連結会計年度 （自 2022年4月1日 至 2023年3月31日）
特別損失		
特別退職金	※6 4,326	※6 1,206
固定資産除却損	※3 611	※3 756
減損損失	※4 325	※4 735
投資有価証券評価損	345	1,719
その他	1,236	1,239
特別損失合計	6,844	5,656
税金等調整前当期純利益	94,708	59,210
法人税、住民税及び事業税	42,930	20,207
法人税等調整額	△7,083	5,516
法人税等合計	35,846	25,724
当期純利益	58,862	33,486
非支配株主に帰属する当期純利益	3,683	2,476
親会社株主に帰属する当期純利益	55,179	31,010

連結包括利益計算書

（単位：百万円）

	前連結会計年度 （自 2021年4月1日 至 2022年3月31日）	当連結会計年度 （自 2022年4月1日 至 2023年3月31日）
当期純利益	58,862	33,486
その他の包括利益		
その他有価証券評価差額金	※1 △26,834	※1 △13,781
繰延ヘッジ損益	※1 3,163	※1 △366
為替換算調整勘定	※1 6,345	※1 8,303
退職給付に係る調整額	※1 △1,497	※1 △2,261
持分法適用会社に対する持分相当額	※1 67	※1 170
その他の包括利益合計	※1 △18,755	※1 △7,935
包括利益	40,107	25,550
（内訳）		
親会社株主に係る包括利益	39,628	26,645
非支配株主に係る包括利益	478	△1,095

③ 連結株主資本等変動計算書

前連結会計年度（自　2021年4月1日　至　2022年3月31日）

（単位：百万円）

	株主資本				
	資本金	資本剰余金	利益剰余金	自己株式	株主資本合計
当期首残高	10,648	37	276,884	△11,372	276,197
当期変動額					
新株の発行	142	142			284
非支配株主との取引に係る親会社の持分変動		△667			△667
剰余金の配当			△11,207		△11,207
親会社株主に帰属する当期純利益			55,179		55,179
持分法適用会社の減少に伴う利益剰余金の減少高			△609		△609
連結範囲の変動					−
自己株式の取得				△0	△0
自己株式の処分					−
利益剰余金から資本剰余金への振替		488	△488		−
その他					−
株主資本以外の項目の当期変動額（純額）					
当期変動額合計	142	△37	42,873	△0	42,978
当期末残高	10,790	−	319,758	△11,372	319,176

	その他の包括利益累計額					新株予約権	非支配株主持分	純資産合計
	その他有価証券評価差額金	繰延ヘッジ損益	為替換算調整勘定	退職給付に係る調整累計額	その他の包括利益累計額合計			
当期首残高	61,758	−	△6,468	△1,061	54,228	247	31,466	362,139
当期変動額								
新株の発行								284
非支配株主との取引に係る親会社の持分変動								△667
剰余金の配当								△11,207
親会社株主に帰属する当期純利益								55,179
持分法適用会社の減少に伴う利益剰余金の減少高								△609
連結範囲の変動								−
自己株式の取得								△0
自己株式の処分								−
利益剰余金から資本剰余金への振替								
その他								
株主資本以外の項目の当期変動額（純額）	△22,339	1,561	6,724	△1,497	△15,550	△21	△2,131	△17,703
当期変動額合計	△22,339	1,561	6,724	△1,497	△15,550	△21	△2,131	25,275
当期末残高	39,418	1,561	256	△2,558	38,678	225	29,335	387,414

(point) **財務諸表**

　この項目では，連結ではなく単体の貸借対照表と，損益計算書の内訳を確認することができる。連結＝単体＋子会社なので，会社によっては単体の業績を調べて連結全体の業績予想のヒントにする場合があるが，あまりその必要性がある企業は多くない。

当連結会計年度（自　2022年4月1日　至　2023年3月31日）

（単位：百万円）

	株主資本				
	資本金	資本剰余金	利益剰余金	自己株式	株主資本合計
当期首残高	10,790	–	319,758	△11,372	319,176
当期変動額					
新株の発行					–
非支配株主との取引に係る親会社の持分変動		△1,092			△1,092
剰余金の配当			△12,334		△12,334
親会社株主に帰属する当期純利益			31,010		31,010
持分法適用会社の減少に伴う利益剰余金の減少高			△2		△2
連結範囲の変動			△54		△54
自己株式の取得				△6,713	△6,713
自己株式の処分		130		160	291
利益剰余金から資本剰余金への振替		961	△961		–
その他		△0	△695		△695
株主資本以外の項目の当期変動額（純額）					
当期変動額合計	–	–	16,961	△6,552	10,409
当期末残高	10,790	–	336,720	△17,925	329,585

	その他の包括利益累計額					新株予約権	非支配株主持分	純資産合計
	その他有価証券評価差額金	繰延ヘッジ損益	為替換算調整勘定	退職給付に係る調整累計額	その他の包括利益累計額合計			
当期首残高	39,418	1,561	256	△2,558	38,678	225	29,335	387,414
当期変動額								
新株の発行								–
非支配株主との取引に係る親会社の持分変動								△1,092
剰余金の配当								△12,334
親会社株主に帰属する当期純利益								31,010
持分法適用会社の減少に伴う利益剰余金の減少高								△2
連結範囲の変動								△54
自己株式の取得								△6,713
自己株式の処分								291
利益剰余金から資本剰余金への振替								–
その他								△695
株主資本以外の項目の当期変動額（純額）	△10,750	△188	8,835	△2,261	△4,364	△1	△3,643	△8,009
当期変動額合計	△10,750	△188	8,835	△2,261	△4,364	△1	△3,643	2,400
当期末残高	28,668	1,373	9,092	△4,819	34,313	223	25,691	389,814

④ 連結キャッシュ・フロー計算書

（単位：百万円）

	前連結会計年度 （自 2021年4月1日 至 2022年3月31日）	当連結会計年度 （自 2022年4月1日 至 2023年3月31日）
営業活動によるキャッシュ・フロー		
税金等調整前当期純利益	94,708	59,210
減価償却費	9,291	11,508
減損損失	325	735
のれん償却額	10,047	13,034
賞与引当金の増減額（△は減少）	24,301	△12,112
役員賞与引当金の増減額（△は減少）	739	△215
退職給付に係る負債の増減額（△は減少）	△1,486	△471
役員退職慰労引当金の増減額（△は減少）	△3	△57
貸倒引当金の増減額（△は減少）	262	△176
受取利息及び受取配当金	△2,194	△2,657
支払利息	665	670
為替差損益（△は益）	△449	△538
持分法による投資損益（△は益）	△2,607	194
投資有価証券売却損益（△は益）	△23,488	△2,257
投資有価証券評価損益（△は益）	345	1,719
特別退職金	4,326	1,206
売上債権の増減額（△は増加）	△64,121	36,128
棚卸資産の増減額（△は増加）	△26,492	19,780
仕入債務の増減額（△は減少）	5,688	△11,026
前受金の増減額（△は減少）	28,649	△25,317
退職給付に係る資産の増減額（△は増加）	△795	73
その他	△6,498	643
小計	50,690	90,123
利息及び配当金の受取額	3,030	2,855
利息の支払額	△664	△655
特別退職金の支払額	△7,194	△2,369
法人税等の支払額	△25,008	△51,919
営業活動によるキャッシュ・フロー	20,852	38,035

	前連結会計年度 （自 2021年4月1日 至 2022年3月31日）	当連結会計年度 （自 2022年4月1日 至 2023年3月31日）
投資活動によるキャッシュ・フロー		
定期預金の預入による支出	△2,295	△2,001
定期預金の払戻による収入	2,115	1,770
有形固定資産の取得による支出	△5,037	△7,004
有形固定資産の売却による収入	22	261
無形固定資産の取得による支出	△5,411	△10,903
投資有価証券の取得による支出	△7,141	△4,352
投資有価証券の売却による収入	35,047	3,442
出資金の払込による支出	△927	△2,988
出資金の回収による収入	12	100
連結の範囲の変更を伴う子会社株式及び出資金の取得による支出	※2　△2,469	※2　△7,360
連結の範囲の変更を伴う子会社株式の取得による収入	※2　1,505	※2　1,975
連結の範囲の変更を伴う子会社株式の売却による収入	-	※3　1,672
連結の範囲の変更を伴う子会社株式及び出資金の売却による支出	※3　△17	※3　△425
子会社株式及び出資金の取得による支出	△5,676	△8,630
敷金の差入による支出	△900	△1,087
敷金の回収による収入	539	1,077
短期貸付金の増減額（△は増加）	△351	△176
長期貸付けによる支出	△188	△872
長期貸付金の回収による収入	70	316
金銭債権信託受益権の増減額（△は増加）	△2,165	1,673
その他	※4　△18,023	720
投資活動によるキャッシュ・フロー	△11,292	△32,792
財務活動によるキャッシュ・フロー		
連結の範囲の変更を伴わない子会社株式の売却による収入	6	-
短期借入金の増減額（△は減少）	5,744	△2,448
長期借入れによる収入	13,536	2,458
長期借入金の返済による支出	△10,852	△4,982
ファイナンス・リース債務の返済による支出	△842	△1,239
自己株式の取得による支出	△0	△6,713
子会社の自己株式の取得による支出	△3,000	△1,001
連結の範囲の変更を伴わない子会社株式の取得による支出	△697	△1,942
配当金の支払額	△11,204	△12,325
非支配株主への配当金の支払額	△1,473	△739
非支配株主からの払込みによる収入	106	107
その他	△21	△11
財務活動によるキャッシュ・フロー	△8,698	△28,839
現金及び現金同等物に係る換算差額	3,793	2,413
現金及び現金同等物の増減額（△は減少）	4,654	△21,182
現金及び現金同等物の期首残高	176,042	180,697
新規連結に伴う現金及び現金同等物の増加額	-	8
連結除外に伴う現金及び現金同等物の減少額	-	△441
現金及び現金同等物の期末残高	※1　180,697	※1　159,081

【注記事項】

（連結財務諸表作成のための基本となる重要な事項）

1．連結の範囲に関する事項 ………………………………………………

（1） 連結子会社の数 ………………………………………………………

　379社

　主要な連結子会社は「第1　企業の概況　4　関係会社の状況」に記載のとおり

であります。

※1　当連結会計年度より連結の範囲に含めた主要な連結子会社は次のとおりで

　　あります。

株式の段階取得による子会社化

　C2International Inc

新規設立に伴う子会社化

　（株）博報堂テクノロジーズ，（株）SPEXPERT'S，（株）博報堂DYコーポレー

　トイニシアティブ，HAKUHODO DY FUTURE DESIGNFUND2号投資事業

　有限責任組合

株式取得に伴う子会社化

　ソウルドアウト（株），SYLVAINLABS, INC.，Kingdom Digital SolutionsSdn.

　Bhd.,

　Lexington CommunicationsLimited，（株）インフォキュービックジャパン，

　MA&TH Entertainment Private Limited

※2　当連結会計年度より連結の範囲から除外した主要な連結子会社は次のとお

　　りであります。

合併による消滅

　（株）コスモ・コミュニケーションズ

清算による除外

　Hakuhodo France S.A.S.

（2） 主要な非連結子会社名 ………………………………………………

　NTMサービス（株）

（連結の範囲から除いた理由）

　非連結子会社は小規模会社であり，合計の総資産，収益，当期純損益及び利益剰余金（持分に見合う額）等は，いずれも連結財務諸表に重要な影響を及ぼしていないためであります。

2. 持分法の適用に関する事項 ………………………………………………

（1）　持分法を適用した非連結子会社数 ……………………………………

　該当事項はありません。

（2）　持分法を適用した関連会社数 ………………………………………

　62社

　（主要な会社等の名称）

　　（株）スーパーネットワーク，（株）アドスタッフ博報堂，（株）広告EDIセンター，TBWA＼HAKUHODO ChinaLtd.，（株）アドウェイズ，Gehl Architects Holdings ApS，サントリーコンシェルジュサービス（株）

※1　当連結会計年度より持分法適用の範囲に含めた主要な関連会社は次のとおりであります。

<u>株式取得に伴う関連会社化</u>

　Gehl Architects Holdings ApS

<u>株式売却による持分比率の減少に伴う関連会社化</u>

　サントリーコンシェルジュサービス（株）

※2　当連結会計年度より持分法適用の範囲から除外した主要な関連会社は次のとおりであります。

<u>株式の段階取得による子会社化</u>

　C2International Inc

（3）　持分法を適用しない非連結子会社及び関連会社のうち主要な会社等の名称

　Foresight Research Co., Ltd.

　（持分法を適用しない理由）

持分法非適用会社は，当期純損益及び利益剰余金等に及ぼす影響が軽微であり，かつ全体としても重要性がないため，持分法の適用から除外しております。

(4) 持分法の適用の手続について特に記載する必要があると認められる事項‥‥
　持分法適用会社のうち，決算日が異なる会社については，原則として，当該会社の事業年度に係る財務諸表を使用しております。

3. 連結子会社の事業年度等に関する事項
　連結子会社のうち，連結決算日との差異が３ヵ月を超えない子会社については，当該会社の事業年度に係る財務諸表を使用しております。連結決算日との差異が３ヵ月を超える子会社については，直近の四半期決算を基にした仮決算数値を使用しております。なお，決算日の翌日から連結決算日までに生じた重要な取引については，連結上必要な調整を行っております。

4. 会計方針に関する事項
(1) 重要な資産の評価基準及び評価方法
① 有価証券
　ⅰ　満期保有目的の債券　償却原価法
　ⅱ　その他有価証券
　　a　市場価格のない株式等以外のもの
　　　決算日の市場価格等に基づく時価法（評価差額は全部純資産直入法により処理し，売却原価は移動平均法により算定）
　　b　市場価格のない株式等
　　　移動平均法による原価法
　　　　なお，投資事業有限責任組合及びそれに類する組合への出資（金融商品取引法第２条第２項により有価証券とみなされるもの）については，組合契約に規定される決算報告日に応じて入手可能な最近の決算書を基礎とし，持分相当額を純額で取り込む方法によっております。

② **デリバティブ**

時価法

③ **棚卸資産**

主として個別法による原価法（貸借対照表価額は収益性の低下に基づく簿価切下げの方法により算定）

(2) 重要な減価償却資産の減価償却の方法 ……………………………………

① **有形固定資産（リース資産を除く）**

当社及び国内連結子会社は，定率法（ただし，1998年4月1日以降に取得した建物（建物附属設備を除く）並びに2016年4月1日以降に取得した建物附属設備及び構築物については，定額法）を採用しております。

在外連結子会社は主として定額法を採用しております。

なお，主な耐用年数は以下のとおりであります。

建物及び構築物　　　3年～50年

② **無形固定資産（リース資産を除く）**

定額法を採用しております。

なお，自社利用目的のソフトウェアについては，社内における利用可能期間（5年）に基づく定額法を採用しております。

③ **リース資産**

所有権移転外ファイナンス・リース取引に係るリース資産

リース期間を耐用年数とし，残存価額を零とする定額法を採用しております。

(3) 重要な引当金の計上基準 ……………………………………………

① **貸倒引当金**

債権の貸倒れによる損失に備えるため，回収不能見込額を計上しております。

ⅰ　**一般債権**

貸倒実績率によっております。

ⅱ　**貸倒懸念債権及び破産更生債権等**

財務内容評価法によっております。

② **賞与引当金**

従業員に対して支給する賞与の支出に充てるため，支給見込額に基づき当連結会計年度に見合う額を計上しております。

③ **役員賞与引当金**

役員に対して支給する賞与の支出に充てるため，支給見込額に基づき当連結会計年度に見合う額を計上しております。

④ **役員退職慰労引当金**

役員及び執行役員の退職慰労金の支給に備えるため，内規に基づく当連結会計年度末要支給額を計上しております。

⑤ **事業整理損失引当金**

連結子会社の事業整理に伴う損失に備えるため，当連結会計年度末日における損失発生見込額を計上しております。

(4) 退職給付に係る会計処理の方法 ···

① **退職給付見込額の期間帰属方法**

退職給付債務の算定にあたり，退職給付見込額を当連結会計年度末までの期間に帰属させる方法については，給付算定式基準によっております。

② **数理計算上の差異及び過去勤務費用の費用処理方法**

数理計算上の差異は，その発生時の従業員の平均残存勤務期間以内の一定年数（7年〜16年）による定率法（一部の連結子会社では定額法）により翌連結会計年度から費用処理することとしております。

過去勤務費用は，その発生時の従業員の平均残存勤務期間以内の一定年数（5年）による定額法により発生時から費用処理することとしております。なお，一部の連結子会社では発生時に一括して費用処理しております。

未認識数理計算上の差異及び未認識過去勤務費用については，税効果を調整の上，純資産の部におけるその他の包括利益累計額の退職給付に係る調整累計額に計上しております。

③ **小規模企業等における簡便法の採用**

一部の連結子会社は，退職給付に係る負債及び退職給付費用の計算に，退職

給付に係る期末自己都合要支給額を退職給付債務とする方法を用いた簡便法を適用しております。

(5) 重要な収益及び費用の計上基準 ・・

　当社は顧客に対して広告に関連するサービス提供しており，主に各種媒体における広告業務の取り扱いや広告制作物の制作を行っております。

　各種媒体における広告業務の取り扱いや広告制作物の制作に関しては，主に媒体に広告出稿がされた時点や広告制作物を納品した時点でそのサービスに対する支配が顧客に移転し，当社の履行義務が充足されることから，その時点で収益を認識しております。

　また，本人としての性質が強いと判断される取引については，顧客から受領する対価の総額を収益として認識しております。他方，顧客への財又はサービスの提供において当社がその財又はサービスを支配しておらず，代理人に該当すると判断した取引については，顧客から受領する対価から関連する原価を控除した純額，あるいは手数料の金額を収益として認識しております。

　なお，取引の対価は，履行義務を充足してから主として1年以内に受領しており，重要な金融要素は含んでおりません。

(6) 重要なヘッジ会計の方法 ・・・
① ヘッジ会計の方法
　原則として繰延ヘッジ処理によっております。ただし，振当処理の要件を満たす為替予約については振当処理によっております。
② ヘッジ手段とヘッジ対象
　外貨建金銭債権債務及び外貨建予定取引をヘッジ対象として，為替予約取引をヘッジ手段としております。また，有価証券をヘッジ対象として，株式先渡契約をヘッジ手段としております。
③ ヘッジ方針 ・・
　リスク管理を効率的に行うことを目的として，社内ルールに基づき，外貨建取引における為替変動リスクに対しては為替予約取引を行っております。また，有

価証券に係る株価変動リスクをヘッジする目的で，将来売却予定の株式数の範囲内で行っております。

④　ヘッジ有効性の評価方法

　為替予約取引については，ヘッジ対象とヘッジ手段に関する重要な条件が同一であり，高い相関関係があると考えられるため，有効性の判定を省略しております。また，有価証券の相場変動とヘッジ手段の相場変動を比較し，両者の変動額等を基礎にして，ヘッジ有効性を評価しております。

(7)　のれんの償却方法及び償却期間

　のれんの償却に関しては，その個別案件ごとに投資効果の発現する期間を判断し，20年以内の合理的な年数で均等償却しております。

(8)　連結キャッシュ・フロー計算書における資金の範囲

　手許現金，要求払預金及び取得日から3ヶ月以内に満期日の到来する流動性の高い，容易に換金可能であり，かつ，価値の変動について僅少なリスクしか負わない短期的な投資からなっております。

（重要な会計上の見積り）

1.　のれん

(1)　当連結会計年度の連結財務諸表に計上した金額

（単位：百万円）

	前連結会計年度	当連結会計年度
のれん	45,097	71,678

(2)　識別した項目に係る重要な会計上の見積りの内容に関する情報

① 　United Advertising Co.,Ltd. グループに関するのれん

　United Advertising Co., Ltd. グループ（取得時：GROWWW Media Co., Ltd. とその子会社）に係るのれんの帳簿価額は前連結会計年度において9,887百万円，当連結会計年度において9,112百万円であります。同社グループに係るのれんは，国際財務報告基準に基づく減損テストが行われ，のれんを含む資金生成単位グループの回収可能価額を算出するために，将来キャッシュ・フロー等を見積もる

必要があります。将来キャッシュ・フロー等は同社の将来の事業計画を基礎とし
て見積もられますが，この事業計画は台湾の広告市場の成長予測を含む将来の収
益予測等に基づいており，不確実性を伴っております。

　当社は当連結会計年度末において，回収可能価額を慎重に検討した結果，当該
見積りは合理的と判断しておりますが，市場環境の変化により，その見積りの前
提とした条件や仮定に変更が生じた場合，翌連結会計年度の連結財務諸表に重要
な影響を与える可能性があります。

② **kyuグループに関するのれん**

　kyuグループに係るのれんの帳簿価額は前連結会計年度において30,137百万
円，当連結会計年度において42,021百万円であります。kyuグループによって
計上されたのれんは，米国会計基準に基づく減損テストが行われ，のれんを含む
報告単位の公正価値を算出するために，将来キャッシュ・フロー等を見積もる必
要があります。将来キャッシュ・フロー等は，買収によって取得した子会社の将
来の事業計画を基礎として見積もられ不確実性を伴うため，今後の経過によって
は翌連結会計年度の連結財務諸表に重要な影響を及ぼす可能性があります。

③ **ソウルドアウト（株）グループに関するのれん**

　ソウルドアウト（株）グループの取得により計上したのれんの帳簿価額は当連
結会計年度において14,705百万円であります。同社グループに係るのれんにつ
いて，競争環境が激化するなかで既存顧客を一部喪失したことや検索エンジンの
アルゴリズム変更などの要因により，支配獲得時における同社グループの事業計
画通りに業績が達成されていないことから，のれんを含む資産グループに減損の
兆候を識別しました。当該のれんに関して，同社グループから得られる割引前将
来キャッシュ・フローが帳簿価額を上回るため，減損損失を認識していません。
この割引前将来キャッシュ・フローは，同社グループの直近の実績を踏まえ見直
した将来の事業計画を基礎として見積もっています。同社グループの事業計画は，
当社グループ内の協業推進及び強化などに基づく今後の収益の成長予測及び費用
の発生見込みに関する仮定が用いられ，不確実性を伴っております。

　当社は当連結会計年度末において，割引前将来キャッシュ・フローを慎重に検
討した結果，当該見積りは合理的と判断しておりますが，市場環境の変化により，

その見積りの前提とした条件や仮定に変更が生じた場合，翌連結会計年度の連結財務諸表に重要な影響を与える可能性があります。

（会計方針の変更）

1．収益認識に関する会計基準等 ···

「時価の算定に関する会計基準の適用指針」（企業会計基準適用指針第31号 2021年6月17日）（以下，時価算定会計基準適用指針）を当連結会計年度の期首から適用し，時価算定会計基準適用指針第27－2項に定める経過的な取扱いに従って，時価算定会計基準適用指針が定める新たな会計方針を，将来にわたって適用することとしております。

なお，連結財務諸表および1株当たり情報に与える影響は軽微であります。

2．米国財務会計基準審議会会計基準編纂書（ASC）第842号「リース」の適用

米国会計基準を採用している一部の在外連結子会社は，当連結会計年度より，ASC第842号「リース」を適用しております。これにより，当該在外連結子会社における借手のリース取引については，原則としてすべてのリースを貸借対照表に資産および負債として計上することとしました。当該会計基準の適用にあたっては，経過措置で認められている，当該会計基準の適用による累積的影響を適用開始日に認識する方法を採用しております。

この結果，当連結会計年度末において，「有形固定資産」の「その他（純額）」が16,865百万円，「流動負債」の「その他」が2,539百万円，「固定負債」の「その他」が16,737百万円増加しております。なお，当連結会計年度において，連結損益計算書および1株当たり情報に与える影響は軽微であります。

（未適用の会計基準等）

・「法人税，住民税及び事業税等に関する会計基準」（企業会計基準第27号 2022年10月28日）

・「包括利益の表示に関する会計基準」（企業会計基準第25号　2022年10月28日）

・「税効果会計に係る会計基準の適用指針」（企業会計基準適用指針第28号

2022年10月28日)

(1) 概要 ···

　その他の包括利益に対して課税される場合の法人税等の計上区分及びグループ法人税制が適用される場合の子会社株式等の売却に係る税効果の取扱いを定めるものです。

(2) 適用予定日 ···

　2025年3月期の期首より適用予定であります。

(3) 当該会計基準等の適用による影響 ··············

　影響額は，当連結財務諸表の作成時において評価中であります。

（表示方法の変更）

（連結損益計算書関係）

1. 前連結会計年度において，「特別利益」の「その他」に含めていた「関係会社株式売却益」は，特別利益の総額の100分の10を超えたため，当連結会計年度より独立掲記することとしております。この表示方法の変更を反映させるため，前連結会計年度の連結財務諸表の組替えを行っております。

　　この結果，前連結会計年度の連結損益計算書において，「特別利益」の「その他」に表示していた2,185百万円は，「関係会社株式売却益」1,336百万円，「その他」849百万円として組み替えております。

2. 前連結会計年度において，「特別損失」の「その他」に含めていた「固定資産除却損」は，特別損失の総額の100分の10を超えたため，当連結会計年度より独立掲記することとしております。この表示方法の変更を反映させるため，前連結会計年度の連結財務諸表の組替えを行っております。

　　この結果，前連結会計年度の連結損益計算書において，「特別損失」の「その他」に表示していた1,847百万円は，「固定資産除却損」611百万円，「その他」1,236百万円として組み替えております。

（連結キャッシュ・フロー計算書関係）

前連結会計年度において，「営業活動によるキャッシュ・フロー」の「その他」

に含めておりました「前受金の増減額（△は減少）」は，開示の明瞭性を高める観点から，当連結会計年度より独立掲記することとしております。また，前連結会計年度において独立掲記しておりました，「営業活動によるキャッシュ・フロー」の「助成金の受取額」は，金額的重要性が乏しくなったため，当連結会計年度より「その他」に含めて表示しております。この表示方法の変更を反映させるため，前連結会計年度の連結財務諸表の組替えを行っております。

　この結果，前連結会計年度の連結キャッシュ・フロー計算書において，「営業活動によるキャッシュ・フロー」に表示していた「その他」21,283百万円及び「助成金等の受取額」868百万円は，「前受金の増減額」28,649百万円，「その他」△6,498百万円として組替えております。

2 財務諸表等

（1） 財務諸表 ………………………………………………………………

① 貸借対照表

（単位：百万円）

	前事業年度 （2022年3月31日）	当事業年度 （2023年3月31日）
資産の部		
流動資産		
現金及び預金	363	572
営業未収入金	※1 1,676	※1 2,483
関係会社短期貸付金	40,559	38,256
金銭債権信託受益権	5,628	3,987
未収還付法人税等	3,365	5,750
前払費用	※1 1,000	※1 1,509
立替金	※1 1,724	※1 1,758
その他	※1 18,123	※1 2,097
流動資産合計	72,442	56,416
固定資産		
有形固定資産		
建物及び構築物	1,652	1,446
減価償却累計額	△991	△626
建物及び構築物（純額）	661	820
車両運搬具	12	12
減価償却累計額	△10	△11
車両運搬具（純額）	2	0
工具、器具及び備品	325	608
減価償却累計額	△222	△204
工具、器具及び備品（純額）	102	404
リース資産	1,047	1,031
減価償却累計額	△585	△689
リース資産（純額）	462	342
建設仮勘定	－	437
有形固定資産合計	1,228	2,005
無形固定資産		
ソフトウエア	3,307	8,617
無形固定資産合計	3,307	8,617
投資その他の資産		
投資有価証券	32,213	21,426
関係会社株式	364,657	407,189
関係会社出資金	4,588	6,942
関係会社長期貸付金	3,000	2,000
敷金及び保証金	1,793	1,963
投資その他の資産合計	406,253	439,520
固定資産合計	410,789	450,143
資産合計	483,232	506,560

	前事業年度 （2022年3月31日）	当事業年度 （2023年3月31日）
負債の部		
流動負債		
グループファイナンス預り金	※1 65,358	※1 98,043
短期借入金	5,000	–
1年内返済予定の長期借入金	–	105,000
未払金	※1 791	※1 2,844
未払費用	※1 3,347	※1 4,800
未払法人税等	1,633	3
リース債務	159	151
預り金	15	17
役員賞与引当金	205	219
その他	81	22
流動負債合計	76,592	211,103
固定負債		
長期借入金	105,000	–
リース債務	306	194
繰延税金負債	7,815	4,955
その他	272	227
固定負債合計	113,393	5,378
負債合計	189,986	216,481
純資産の部		
株主資本		
資本金	10,790	10,790
資本剰余金		
資本準備金	154,329	154,329
その他資本剰余金	–	130
資本剰余金合計	154,329	154,460
利益剰余金		
その他利益剰余金		
繰越利益剰余金	119,371	129,663
利益剰余金合計	119,371	129,663
自己株式	△11,372	△17,925
株主資本合計	273,119	276,989
評価・換算差額等		
その他有価証券評価差額金	20,127	13,089
評価・換算差額等合計	20,127	13,089
純資産合計	293,246	290,079
負債純資産合計	483,232	506,560

② 損益計算書

（単位：百万円）

	前事業年度 （自 2021年4月1日 至 2022年3月31日）		当事業年度 （自 2022年4月1日 至 2023年3月31日）	
営業収益				
受取配当金	※1	17,098	※1	26,226
受取手数料	※1	15,828	※1	20,556
営業収益合計	※1	32,926	※1	46,783
一般管理費				
給料及び手当		2,707		2,771
賞与		965		1,322
役員賞与引当金繰入額		205		219
不動産賃借料		1,208		1,244
減価償却費		1,227		1,805
業務委託費	※1	4,498	※1	7,612
その他	※1	6,582	※1	9,159
一般管理費合計		17,394		24,135
営業利益		15,532		22,648
営業外収益				
受取利息	※1	186	※1	220
受取配当金		271		187
投資事業組合運用益		17		－
その他		5		9
営業外収益合計		480		418
営業外費用				
支払利息	※1	337	※1	368
投資事業組合運用損		－		155
為替差損		4		253
その他		0		8
営業外費用合計		342		786
経常利益		15,670		22,279
特別利益				
投資有価証券売却益	※2	22,924		1,253
特別利益合計		22,924		1,253
特別損失				
固定資産除却損		16		82
投資有価証券評価損		－		507
関係会社株式評価損		112		－
その他		－		9
特別損失合計		129		600
税引前当期純利益		38,465		22,932
法人税、住民税及び事業税		5,363		12
法人税等調整額		△224		293
法人税等合計		5,139		305
当期純利益		33,326		22,626

③　株主資本等変動計算書

前事業年度（自　2021年4月1日　至　2022年3月31日）

（単位：百万円）

	株主資本						
	資本金	資本剰余金		利益剰余金		自己株式	株主資本合計
		資本準備金	資本剰余金合計	その他利益剰余金 繰越利益剰余金	利益剰余金合計		
当期首残高	10,648	154,187	154,187	97,252	97,252	△11,372	250,715
当期変動額							
新株の発行	142	142	142				284
剰余金の配当				△11,207	△11,207		△11,207
当期純利益				33,326	33,326		33,326
自己株式の取得						△0	△0
自己株式の処分							－
株主資本以外の項目の当期変動額（純額）							
当期変動額合計	142	142	142	22,118	22,118	△0	22,403
当期末残高	10,790	154,329	154,329	119,371	119,371	△11,372	273,119

	評価・換算差額等		純資産合計
	その他有価証券評価差額金	評価・換算差額等合計	
当期首残高	38,581	38,581	289,296
当期変動額			
新株の発行			284
剰余金の配当			△11,207
当期純利益			33,326
自己株式の取得			△0
自己株式の処分			－
株主資本以外の項目の当期変動額（純額）	△18,453	△18,453	△18,453
当期変動額合計	△18,453	△18,453	3,949
当期末残高	20,127	20,127	293,246

当事業年度（自　2022年4月1日　至　2023年3月31日）

（単位：百万円）

| | 株主資本 | | | | | | | |
| | | 資本剰余金 | | | 利益剰余金 | | | |
	資本金	資本準備金	その他資本剰余金	資本剰余金合計	その他利益剰余金 繰越利益剰余金	利益剰余金合計	自己株式	株主資本合計
当期首残高	10,790	154,329	－	154,329	119,371	119,371	△11,372	273,119
当期変動額								
新株の発行								－
剰余金の配当					△12,334	△12,334		△12,334
当期純利益					22,626	22,626		22,626
自己株式の取得							△6,713	△6,713
自己株式の処分			130	130			160	291
株主資本以外の項目の当期変動額（純額）								
当期変動額合計	－	－	130	130	10,292	10,292	△6,552	3,870
当期末残高	10,790	154,329	130	154,460	129,663	129,663	△17,925	276,989

| | 評価・換算差額等 | | 純資産合計 |
	その他有価証券評価差額金	評価・換算差額等合計	
当期首残高	20,127	20,127	293,246
当期変動額			
新株の発行			－
剰余金の配当			△12,334
当期純利益			22,626
自己株式の取得			△6,713
自己株式の処分			291
株主資本以外の項目の当期変動額（純額）	△7,037	△7,037	△7,037
当期変動額合計	△7,037	△7,037	△3,167
当期末残高	13,089	13,089	290,079

【注記事項】

（重要な会計方針）

1．有価証券の評価基準及び評価方法 ··

(1)　満期保有目的の債券 ···

償却原価法

(2)　子会社株式及び関連会社株式 ··

移動平均法による原価法

(3)　その他有価証券 ···

① **市場価格のない株式等以外のもの**

決算日の市場価格等に基づく時価法（評価差額は全部純資産直入法により処理し，売却原価は移動平均法により算定）

② **市場価格のない株式等**

移動平均法による原価法

なお，投資事業有限責任組合及びそれに類する組合への出資（金融商品取引法第2条第2項により有価証券とみなされるもの）については，組合契約に規定される決算報告日に応じて入手可能な最近の決算書を基礎とし，持分相当額を純額で取り込む方法によっております。

2．固定資産の減価償却の方法 ···

(1)　有形固定資産（リース資産を除く） ···

定率法（ただし，1998年4月1日以降に取得した建物（建物附属設備を除く）並びに2016年4月1日以降に取得した建物附属設備及び構築物については，定額法）を採用しております。

なお，主な耐用年数は，以下のとおりであります。

建物及び構築物	3年～50年
車両運搬具	6年
工具，器具及び備品	2年～20年

(2)　無形固定資産（リース資産を除く） ···

定額法を採用しております。

なお，自社利用目的のソフトウェアについては社内における利用可能期間(5年)に基づく定額法によっております。

(3) リース資産 ………………………………………………………………

　所有権移転外ファイナンス・リース取引に係るリース資産

　　リース期間を耐用年数とし，残存価額を零とする定額法を採用しております。

3. 引当金の計上基準 ………………………………………………………

役員賞与引当金

　役員及び役付執行役員に対して支給する賞与の支出に充てるため，支給見込額に基づき当事業年度に見合う額を計上しております。

4. 収益及び費用の計上基準 ………………………………………………

　当社は子会社との契約に基づき経営指導等を行っており，対価として受取手数料を収受しております。この契約においては，当社の子会社に対し経営指導等を行うことを履行義務として識別しております。この経営指導等は，契約における義務を履行するにつれて子会社が便益を享受すると考えられるため，役務を提供する期間にわたり収益を計上しております。

(重要な会計上の見積り)

1. 関係会社株式 ……………………………………………………………

(1) 当事業年度の財務諸表に計上した金額 ………………………………

(単位：百万円)

	前事業年度	当事業年度
関係会社株式	364,657	407,189
計	364,657	407,189

(2) 識別した項目に係る重要な会計上の見積りの内容に関する情報 …………

　D．A．コンソーシアムホールディングス（株）の株式の帳簿価額は前事業年度において112,629百万円，当事業年度において112,629百万円及びソウルドアウト株式会社の株式の帳簿価額は当事業年度において19,267百万円が含まれております。当該株式の実質価額は各社及び各社子会社の将来の事業計画を基礎と

して算定され不確実性を伴うため，今後の経過によっては翌事業年度以降の財務諸表に重要な影響を及ぼす可能性があります。

（表示方法の変更）
　（損益計算書関係）
　前事業年度において「特別損失」の「その他」に含めていた「固定資産除却損」は，特別損失の総額の100分の10を超えたため，当事業年度より独立掲記することとしております。この表示方法の変更を反映させるため，前事業年度の財務諸表の組替えを行っております。この結果，前事業年度の損益計算書において，「特別損失」の「その他」に表示していた16百万円は，「固定資産除却損」16百万円として組み替えております。

第2章

メディア業界の "今" を知ろう

企業の募集情報は手に入れた。しかし，それだけではまだ不十分。企業単位ではなく，業界全体を俯瞰する視点は，面接などでもよく問われる重要ポイントだ。この章では直近1年間のメディア業界を象徴する重大ニュースをまとめるとともに，今後の展望について言及している。また，章末にはメディア業界における有名企業（一部抜粋）のリストも記載してあるので，今後の就職活動の参考にしてほしい。

▶▶創るって，たのしい！

メディア　業界の動向

> 「メディア」とは情報媒体を意味し，それにまつわる業種を指す。
> 新聞・テレビ・出版・印刷・広告・映画・音楽などの業種がある。

❖ 広告の動向

　広告は，テレビ，新聞，雑誌，ラジオの「マスコミ4媒体」と，インターネット，屋外広告や交通広告，折込チラシといったプロモーションメディアで構成されている。2022年の日本の総広告費は7兆1021億円と前年を上回った。「マスコミ4媒体」の合算広告費は約2.3兆円。それに対してネット広告費は3兆円を超える。両者のパワーバランスは完全に逆転している。

　広告業界において，国内最大手の電通がネット広告の不正請求や社員の過労自殺など，不祥事で注目を集め，社会的にも大きな話題となった。そのため，電通は2017年以降，労働環境の改善に向け，長時間残業の禁止，人員増強やデジタル分野での人材育成，顧客向けのマーケティングツールの開発に多額に経費を計上するなど，働き方改革を進めている。こういった電通の対応から，広告業界全体の意識にも変化が起こっている。博報堂DYでは専門部署を設置したりシステムによる業務の効率化を推進，アサツーディ・ケイ（ADK）も有給休暇の取得促進，在宅勤務の実施など，労働環境の改善に取り組んでいる。

●急成長するネット広告，双方向な情報発信も

　広告媒体の勢力図はインターネットの普及によって，大きく変わっている。これまで主流だったテレビ・新聞・雑誌・ラジオのマスコミ4媒体に変わり，スマートフォンや動画などのインターネット広告が広告業界を牽引していくことになる。

　ネット広告では，消費者の反応（クリック率）をリアルタイムで把握した

り，ターゲット別に個別の広告枠を表示させたりすることが可能なため「いかに消費者のニーズに合った情報を届けるか」という観点から，アドテクノロジーが日々進化している。複数のメディアの広告枠を一元で管理する「アドネットワーク」や，アドネットワークを自由に売買できる仕組み「アドエクスチェンジ」の登場によって，広告配信上のルールが整い，工数も削減されてきている。広告枠の仕入れ販売を行うメディアレップ（媒体代理店）やネット広告代理店も好況で，さらなる成長が期待されている。

　また，SNSの普及により，ネットは旧来の一方通行型から，双方向な情報発信が可能な媒体になった。多くのフォロワーを持つカリスマブロガーやYouTuberは，発信する情報が大きな宣伝効果を持つ。彼らは「インフルエンサー」と呼ばれ，企業側も彼らの口コミを販促活動に利用するようになっている。しかしその一方で，宣伝であることを隠すステルスマーケティング（ステマ）などでトラブルになるケースも増えている。近年では，広告収入を目的に作られる悪質なフェイクニュースも話題となっており，メディアとしてのインターネットの信頼性が問われている。

　順風満帆のネット広告だが，ひとつの懸念事項として「クッキー」規制がある。米GoogleはGoogle Chrome上において，広告のターゲッティングに使用されてきたクッキーの使用を22年から禁止することを発表した。個人情報保護規制の対応をうけての措置だが，精緻なターゲッティングや効果測定ができにくくなる恐れがあり，業界各社は対応に追われている。

●プロモーションメディアの電子化にも注目

　街頭の看板，駅ナカのポスターなど，従来は紙媒体が中心だったプロモーションメディアで，デジタルサイネージ（電子看板）広告に対する関心が高まっている。デジタルサイネージは，屋外や店頭，交通機関などの公共施設内で，ディスプレイなどの電子機器を使用して情報発信するシステムをいう。ネットワークへの対応も可能で，表示情報をリアルタイムでコントロールできるため，短期間の広告で取り替えの手間がかからない，1カ所で複数の広告を切り替え表示できるといった利点がある。とくに動画を表示できる点は，これまでの紙媒体に対して大きなアドバンテージとなっている。

　デジタルサイネージでは，単に固定の情報を表示・発信するだけでなく，たとえばカメラを内蔵して前を通る人の年齢や性別を識別し，それに合わせて広告内容を変えることもできる。一例を挙げると，2015年にドラマ「デスノート」の宣伝として渋谷に設置されたデジタルサイネージでは，画面の

前に人が立つと，顔認証システムを利用して主人公の月が立った人の似顔絵を描き，Lがプロファイリングをするという趣向で，連日行列ができるなど大きな話題となった。このような仕組みは，その場で訴求できる人数は少数だが，内容によってはSNSによる拡散，集客が見込める。デジタルサイネージによる顔認証，タッチ式デジタルサイネージによる双方向コミュニケーション，スマホアプリによるプロモーションといったデジタルメディアの活用は今後も増えていくことが予想される。

●大手，海外M&Aを加速

　電通は，2013年に英国の広告会社イージス・グループを4000億円で買収して以降，グローバル化を進行中で，同社のネットワークを活かして，M&A案件の情報を収集。2013年に12社，2014年には24社，2015年は34社，2016年は45社と，買収の規模も拡大しており，2014年から2017年までの買収案件は計134件で，2017年には売上総利益に占める海外事業構成比が58.8％にまで高まっている。また，2016年9月に米データマーケティング企業，2017年4月には米デジタルパフォーマンスマーケティング会社，12月には米BtoBデジタルマーケティング会社，2018年に入っても世界規模でデジタルエージェンシー6社を買収するなど，デジタル領域の投資が目立っており，売上総利益におけるデジタル領域の比率は50％を超えている。

　佐藤可士和や箭内道彦など，著名なクリエイターを多数輩出してきた博報堂は，緻密なマーケティングに基づいた広告展開を得意としている。2014年にM&Aを行う新たな戦略事業組織「kyu」を立ち上げ，専門マーケティングサービス企業をグループ内に取り込むことを成長戦略として活動している。2017年1月にはカナダのコンサルティング会社ビーイーワークスを，2018年4月にはデジタル広告でビッグデータを使ったマーケティングに強い米ケプラーグループを買収している。また，アジアにおいては，2017年2月にアジア太平洋地域での事業展開を加速させるため，シンガポールのインテグレーテッド・コミュニケーションズ・グループ（ICG）を子会社化した。続いて，2018年1月にはベトナムとミャンマーで事業展開しているスクエアコミュニケーションズを，4月にはフィリピンで広告・マーケティングツールの開発会社を買収している。

　広告世界最大手WPPグループと1998年に資本・業務提携をしたADKだが，2017年10月，20年に渡る同社との提携解消を発表した。提携による明確なシナジー（相乗効果）を出せなかったことや，WPPの要求により純利

益以上の高額な株式配当を続けたことが提携解消の理由だと推測される。11月には米投資ファンドのベインキャピタルが実施するTOB（株式公開買い付け）によって同ファンドの傘下に入り，2018年3月に株式上場廃止となった。その後は，WPPのような特定の事業パートナーにとらわれることなく，多様な企業と連携し，抜本的な改革に取り組むという。

❖ 印刷の動向

　印刷には，書籍や雑誌などの出版印刷，チラシやカタログ，ポスターといった商業印刷のほか，包装紙などのパッケージ印刷，帳票などの事務用印刷がある。インターネットの普及に伴って，出版印刷での印刷需要は低下している。

　苦しい状況のなかで，凸版印刷，大日本印刷という大手2社はこれまでに培った印刷技術を転用して，半導体や太陽光電池部材，液晶カラーフィルターなどの新しい分野に進出したほか，ITなどのデジタル領域にも参入するなど，多分野での収益確立を目指している。凸版印刷は，出版社のフレーベル館，東京書籍を傘下に収めたほか，電子書籍ストア「BookLive!」の運営を行っている。また，包装材の分野では，2016年4月に100億円を投じて，米ジョージア州に透明バリアフィルムの工場を新設した。欧米や今後市場の成長が見込まれる中南米などに向けて，最高品質なフィルムの提供を強化している。このほか，企業の入力作業や事務処理を受託するBPO（Business Process Outsourcing）事業においても，グループとして高い実績を誇っている。子会社のトッパン・フォームズは，マイナンバー関連業務を大幅に簡易化するシステム「PASiD」を販売しており，凸版印刷も2016年からNTTデータと協業し，保険業界向けマイナンバー収集業務を開始している。

　大日本印刷もまた，大手書店の丸善，ジュンク堂を傘下におさめ，古本最大手ブックオフへ出資，電子書籍サイト「honto」の運営のほか，清涼飲料事業も手掛けている。2017年10月には，中国に半導体用フォトマスクの製造工場を新設し，5年間で約180億円を投資する。「honto」は本の通販と電子書籍を連携したサービスを展開していたが，2024年3月末をもって本の通販サービスを終了することを発表した。

●大手2社はVR，ARへも進出

　仮想現実（VR）や拡張現実（AR）がエンタテイメント分野だけでなく，ビジネス分野でも利用され始めていることを受け，大手2社はそれぞれ，VRやARにも力を入れている。凸版印刷は，システィーナ礼拝堂や兵馬俑（彩色），熊本城，東大寺大仏など建築物をはじめとする文化財をVR化した「トッパン VR・デジタルアーカイブ」を公開しており，空間や立体構造物のデジタル化に力を入れている。ARでは，専用のマーカーをスマートフォンで読み取ると，カメラに写っている実際の映像に3DCGや動画などを重ねたコンテンツが表示される「AReader」といった無料のスマホアプリを開発。観光ガイドアプリ「旅道」では，提携した観光地で設置されたARマーカーにスマートフォンのカメラをかざすと観光案内が多言語で楽しめるサービスも展開している。

　大日本印刷も2017年3月から本格的にVR事業に参入した。VRコンテンツの制作のほか，パノラマVR制作技術や"VR美術館"システムなど，コンテンツ制作技術の開発も行っている。また，スマートフォンをはめこんでVRコンテンツを楽しめる紙製ヘッドマウントディスプレイ（HMD）の事業では，VR映像へのリアルな没入感を高める新フィルムも開発，ゲーム機器やモバイルメーカーに提供している。ARについては，店内に設置されたタブレット端末に商品をかざすと，外国語に翻訳されたパッケージが端末に表示される店頭用のシステムを開発している。

❖ 映画・テレビの動向

　映画業界では，東宝・東映・松竹の3社が制作と配給で大きな力を持っている。2020年は「劇場版『鬼滅の刃』無限列車編」が大ヒットとなったが，2021年もアニメが業界を牽引。東宝，東映，カラーの共同配給作品であった「シン・エヴァンゲリオン劇場版」は102.8億円の興行収入を記録し，年内首位の作品となった。2022年もアニメ作品のヒット作が続き「ONE PIECE FILM RED」「劇場版 呪術廻戦 0」「すずめの戸締り」など，興行収入100億円を超える作品が相次いだ。

　映画会社は，興行収入のほかにDVDなどのメディアやテレビ放映権などの2次利用まで含めて，安定して利益が得られる仕組みになっている。また，大手3社は都内に不動産も所有しており，その収益が映画事業を支える部分

も大きい。東宝の場合，収益構成は映画が6割程度で，4割は不動産となっている。

　一方，テレビでは，どれだけ見られているかを示す「総世帯視聴率」が年々下落している。ネットやスマートフォンの普及で若者のテレビ離れが進んでおり，各局は「見逃し番組」などのネットでの配信サービスに注力している。民放各局は2015年10月，共同でテレビポータルサイト「TVer（ティーバー）」を開設し，放送後のネット配信をスタートした。しかし，提供番組数の少なさやジャンルの偏りなど，課題も多い。NHKも，テレビ放送を同じ時間にインターネットでも見られる「常時同時配信」サービスを開始している。しかし，このサービスには，地方局の経営圧迫や受信料の問題など課題も多いうえに，放送法の改正も必要であり，民放各社は反発を強めている。

●Apple TV+，Hulu，Netflix，Amazon，AbemaTV，VOD動画配信サービスで激戦

　独自のコンテンツを有料で配信するVOD（Video On Demand＝動画配信）も，続々と始まっている。VODサービスでは，利用者は観たいときにコンテンツを視聴でき，映像の一時停止や巻き戻し，早送りなども可能なため，これまでのレンタルビデオに取って代わるサービスとして利用者が増えている。2022年は巣篭もり需要が一服，国内市場規模は前年比15%増の5305億円となった。

　Hulu（フールー）は，2011年に米国から日本へ進出し，ネットに接続したテレビやPC，スマホなどでドラマやアニメが定額で見放題になるサービスを提供してきたが，2014年2月，日本テレビがHuluを買収して子会社化し，事業を継続している。2006年から動画レンタルサービスを開始していたAmazonも，2011年，プライム会員であれば5000本の映画とテレビ番組が見放題となる定額動画サービスAmazonプライム・ビデオを開始した。2017年7月には，TBS・テレビ東京・WOWOW・日本経済新聞社・電通・博報堂の6社がVODの新会社を設立し，2018年4月より動画配信サービス「Paravi（パラビ）」を開始した。内容は，ドラマ，バラエティなど，テレビ番組が中心となっている。そのほか，世界中で1億人超えの会員を抱える米Netflix（ネットフリックス），Jリーグと10年間の放映権を締結するなどスポーツに特化したダ・ゾーン（英パフォームグループ）といった海外からの参入もあり，ケーブルTV局も含めた競争が激化している。

　そして2019年11月からは，米アップルの「Apple TV+」をスタートさせた。

ハリウッド顔負けの制作・俳優陣を揃え，先行者をどれほど脅かせるか注目が集まっている。

　また，VODではないが，2015年，テレビ朝日はサイバーエージェントと組んで無料のインターネットテレビ「AbemaTV」を開設，2016年よりサービスを開始した（一部有料のVODもあり）。元SMAPの3人による72時間生放送や，将棋の藤井聡太四段の対局を生中継するなど，数々の話題を提供している。

　動画配信の利用者増を踏まえ，国内電機メーカーも，テレビのリモコンに主要動画配信サービス用のボタンを用意。テレビがネットに接続されていれば，ボタンを押すだけですぐにサービスが視聴できる製品も販売されている。

❖ 音楽の動向

　2022年の音楽市場規模は，3073億円と前年をわずかに上回った。コロナ禍で音楽活動が完全にストップしたが，音楽配信やライヴ市場が回復基調を見せている。

●世界の潮流は「ストリーミング」に

　日本では音楽ソフト販売が依然多数を占めるが，世界の音楽ビジネスは定額制の聞き放題「ストリーミング」にシフトしている。音楽ストリーミングサービスの世界最大手，スウェーデンの「Spotify（スポティファイ）」の有料会員は1億9500万人を超える。2022年現在，サービス展開国数は183の国と地域，楽曲数が5,000万曲以上あり，日本では2016年9月から配信がスタートしている。Spotifyの特徴は，定額サービスのほかに，広告つき無料プランがあることで，2017年の広告収入は約541億円だった。同社は，2018年2月にニューヨーク証券取引所に上場申請し，4月に上場を果たしている。日本ではこのほか，Apple Music，Amazonプライムミュージック，Google Play Musicなどが配信サービスを行っている。

　国内企業では，エイベックス・グループとサイバーエージェントが手掛ける「AWA」，ソニー・ミュージックエンタテインメントとエイベックス・デジタルが中心となって立ち上げた「LINE MUSIC」などが，いずれも2015年からストリーミング配信を開始している。

●世界的にアナログレコードの人気再燃

　市場としては小規模だが，アナログレコードの人気が再燃している。2009年ごろには約2億円まで落ち込んだ国内レコード市場が，2017年には19億円にまで回復した。このブームを受けて，ソニー・ミュージックエンタテインメントは，2018年3月にアナログレコードの自社生産を29年ぶりに再開した。このトレンドは世界中で起こっており，レコード市場は，2020年に13億米ドルの価値に達した。今後，2021年から2026年の間に年平均で6.8%の成長を見せると予想されている。

❖ 出版の動向

　出版科学研究所によると，2022年の紙の出版物の販売額は前年比7%減の1兆1292億円。とくに漫画の減少幅が18%と大きかった。一方，電子市場は前年比8%増の5013億円まで拡大した。

　長引く出版不況のなか，流通の面にも厳しい状況が現れており，2016年には取次中堅の太洋社が倒産し，その影響で芳林堂書店をはじめ15の書店が廃業に追い込まれた。また，大阪屋と栗田出版販売も合併し，大阪屋栗田になるなど，業界の再編が進んでいる。さらに，ネット通販のAmazonは，取次を介さず，出版社から直接本を仕入れる取引を始めており，電子書籍の伸長とあわせ，各取次も紙媒体以外への展開を迫られている。全国の書店数も年々減っており，2000年には22296店あったが，2020年には11024店と，4割以上も少なくなっている。また，地域に新刊本を扱う書店がない自治体も全国で増えており，全国で420の自治体・行政区に書店がなく，その数は全国の約2割に上る。

● 「本ではなくライフスタイルを」蔦屋書店の挑戦

　厳しい状況が続く出版業界だが，一方で，好調な業績を上げ，出版社の買収など新たな挑戦を続ける企業もある。「TSUTAYA」や「蔦屋書店」を運営するカルチュア・コンビニエンス・クラブ（CCC）である。CCC系列の新刊販売書店は全国に812店舗，2016年の書籍・雑誌の年間販売総額は1308億円となり，22年連続で過去最高額を突破している。また，2015年8月には 民事再生手続き中だった美術出版社を傘下におさめ，2017年3月には徳間書店を，12月には主婦の友社を子会社化した。CCCは，系列の店舗

で扱う商品・サービスを自ら開発したいねらいがあり，版元の買収を進めている。

　2017年4月には銀座・松坂屋跡地にオープンした商業施設「GINZA　SIX」に，アートをテーマにした店舗を開設した。この開業に際して，美術出版編集部がオリジナルムックを制作したほか，店舗開発のコンサルティングにもかかわった。創業者の増田宗昭社長は「アマゾンでできることはやらない」「本ではなくライフスタイルを売る」という姿勢で，新たな出版ビジネスに乗り出している。また，その流れから，2018年8月には，日本最大の共創コミュニティ「Blabo!」の運営会社を子会社化した。生活者のライフスタイルが多様化し続けるなか，顧客視点に立った価値あるサービスが求められることから，生活者コミュニティを活用した新しいサービスの創出も目指している。

メディア業界

直近の業界各社の関連ニュースを
ななめ読みしておこう。

NHKドラマに仮想背景、大河9割活用　普及でコスト減も

NHKは仮想背景を使う新しい撮影手法を導入した。現実の被写体と組み合わせスタジオ内で屋外のような映像を撮影できる。まず大河ドラマ「どうする家康」で全面的に採用した。テレビ東京も新手法を報道番組などに使う。

初期費用はかさむが、海外では仮想背景などの活用でコストを3割削減した事例もある。普及が進めばテレビや映像業界で課題となっている長時間労働の是正や、制作コストの削減につながる可能性がある。

NHKはどうする家康の放送時間のうち9割以上を「バーチャルプロダクション（VP）」と呼ぶ技術で撮影した。発光ダイオード（LED）ディスプレーに3次元CG（コンピューターグラフィックス）などで作った映像を映し、その前で演じる俳優と組み合わせて撮影する。

この手法は大勢の人数や大型セット、歴史的建造物などが必要な場面で効果を発揮する。人の移動や確保、セットを組む手間などを省いて撮影時間やコストを抑えられる。

NHKは今回、15万の兵が対峙したとされる「関ケ原の戦い」のシーンなどで使った。合戦シーンの撮影時にカメラの前にいる俳優やエキストラは50〜60人ほど。別途制作した数千人の兵士が攻め込む背景映像を横20メートル、高さ6メートルのディスプレーに流し、その前で演じればスタジオ内で撮影が完結する。

大河ドラマの合戦シーンなどでは従来、ロケが基本だった。2016年放送の「真田丸」の大坂冬の陣の撮影には200人が参加したとされる。

今は予算の制約が強まり、どうする家康の演出統括を担うメディア戦略本部の加藤拓氏によると「（投入できるのは）馬は最大20頭、人は100人」という。VPなら実際の俳優やエキストラの人数が限られていても、CGで数千人規模の兵士を描ける。

撮影現場での長時間労働の是正にもつながる。加藤氏によると、以前は放送時間が1分ほどの爆破シーンの撮影では「朝の3〜4時から準備して本番を撮影したら日が暮れることがあった」という。VPなら爆破テストなどの準備時間を大幅に減らせる。

NHKは埼玉県川口市に新施設を建設中で、こうした効果を見込んでVPを活用した番組制作に対応できるようにする計画という。

（2023年11月21日　日本経済新聞）

Adobe、生成AIで経済圏　著作権守り「数秒でデザイン」

デザインソフト大手の米アドビが、画像の生成AI（人工知能）で経済圏を広げている。3億点以上の画像がある自社サービスをAI学習の強みにし、簡単にデザインを生成できる新機能を既存ソフトに入れる。学習素材を提供したクリエーターへの報酬制度も設け、画像の生成AIで問題となる著作権の保護を鮮明にし、独自のエコシステム（生態系）をつくる。

「全ての人にクリエーティビティー（創造性）を提供する時代を再び切り開く」。10月、米ロサンゼルスでのクリエーター向けのイベントで、アドビのシャンタヌ・ナラヤン最高経営責任者（CEO）はこう宣言した。会場で約1万人が歓声をあげたのは、画像を自動でつくる生成AI「ファイアフライ」の第2世代が公開されたときだ。

ファイアフライは日本語を含む100以上の言語に対応し、「絵本を読む犬」などと描きたいものを文章で入れると、数秒で画像ができあがる。第2世代は浮世絵や水彩画など好みの参照画像を選ぶだけで、イメージに沿う画像が生成される。

詳細なプロンプト（指示文）を書く技術や手間がいらなくなり、10月から提供を始めた。アドビのソフトを約20年使っているアーティストのアナ・マックノートさんは「イメージを手軽に可視化でき、スケッチを描いていた頃よりもアイデアが10倍に増えた」と喜ぶ。

画像分野の生成AIは、英スタビリティーAIのオープンソースのモデルが先行し、米新興のミッドジャーニーやオープンAIも提供する。

ただし、AI学習に使われるコンテンツの著作権侵害が問題視され、「Chat（チャット）GPT」など文章の生成AIほどは普及していない。写真・映像販売の米ゲッティイメージズは、同社の写真を許可なく学習・改変したとして、ス

タビリティーAIを著作権の侵害で訴えた。

後発のアドビは、生成画像を企業が安心して広告などに利用できるよう、著作権問題の克服を最優先にAIを開発した。学習にはアドビが権利を持つか、著作権が失効した素材だけを使う。

それでも膨大なAI学習を可能にしたのが、3億点以上の素材を集めた画像提供サービス「アドビストック」だ。アドビは写真やイラストの作成者に使用料を払い、一般の人に素材として販売してきた。今回、素材がAI学習に使われると、作品数や人気に応じてクリエーターに報酬を払う新たな制度も導入した。

ファイアフライの第1世代は3月に試験的に公開され、既に30億点以上の画像が生成された。アドビのサブスクリプション（定額課金）プランの契約者は、写真編集の「フォトショップ」などの各ソフトで利用できる。狙いは生成AIを軸に、自社ソフトの利用や独自素材を拡張することだ。

1982年創業の同社は、興亡が激しいシリコンバレーで「老舗」といえる。PDFの閲覧・編集ソフト「Acrobat（アクロバット）」は誕生から30年を迎えた。

2007年にCEOに就いたナラヤン氏はパッケージ版ソフトから、クラウド経由のサービスに全面移行した。サブスクへの早い転換で、足元の株価は10年間で約10倍に膨らんだ。23年6～8月期の売上高は前年同期比10％増で、純利益は24％増だった。サブスク売上高が約46億ドル（約6900億円）と前年同期を12％上回り、生成AIを成長の柱に据える。

（2023年11月2日　日本経済新聞）

ネット広告復調、メタ純利益2.6倍　迫るAmazonの影

インターネット広告の復調が鮮明になってきた。グーグル親会社のアルファベットとメタが25日までに発表した2023年7～9月期決算はともに増収増益となり、景気減速の懸念を払拭しつつある。ただ、米アマゾン・ドット・コムなどが広告のシェアを拡大し、米2強が主導してきた競争の構図に影響を与える可能性もでてきた。

「広告の売上高の増加には電子商取引（EC）が大きく貢献し、消費財やゲームも好調だった」。メタのスーザン・リー最高財務責任者（CFO）は25日の決算説明会で強調した。7～9月期の売上高は前年同期比23％増の341億4600万ドル（約5兆1200億円）に達し、四半期で過去最高を更新。リストラ効果

も加わり、純利益は2.6倍に増えた。

24日に同四半期の決算を発表したアルファベットも同様だ。クラウドコンピューティング事業の売上高が市場予想に届かなかったことなどが嫌気されて25日の米株式市場で株価は前日比約10％下落したが、「本業」に当たる広告の業績は好転している。同事業の7～9月期の売上高は前年同期比9％増え、増収率は前の四半期の3％から上昇した。

背景にはネット広告市況の回復がある。米広告大手、インターパブリック・グループ傘下の調査会社マグナは9月、23年の米ネット広告市場の前年比成長率を7.9％から9.6％に上方修正した。マグナ幹部は「半年前、メディア産業は不況に身構えていたが、広告主は冷静に投資を続けた」と説明する。

同社は24年の市場見通しも上方修正したが、2強に限ってみるとシェアは微減傾向が続く。米インサイダー・インテリジェンスによると、グーグルとメタの米市場におけるシェアの合計は19年に53％を上回っていたが、23年は46％台まで低下。24年はさらに減少すると予想している。

両社のシェアを奪う形で成長しているのがアマゾンなどのEC企業だ。同社サイトに広告を掲載している企業の幹部は「商品の購入意欲がある人がアマゾンのサイトを訪問するため広告効果が高い」と評価する。動画配信サービスや食品スーパーの店頭などグループ内に広告媒体として使える「スペース」を多く抱えることも強みだ。

同社の広告の売上高は過去8四半期にわたって前年同期比20％以上の成長を続け、7～9月期は140億ドルに迫る見通しだ。メタの4割強の水準になる。インサイダー・インテリジェンスは小売り最大手の米ウォルマートと食品宅配サービスのインスタカートを加えた「リテールメディア」は24年に米ネット広告市場で16％のシェアを握ると予想する。

アマゾンの成功にならう動きも相次ぐ。料理宅配やライドシェアを手がける米ウーバーテクノロジーズは22年に広告部門を立ち上げ、24年に売上高を10億ドルに引き上げる目標を掲げている。同社はテニスの全米オープンの会場に向かうライドシェアの利用者にテニスウエアを手がける仏ラコステの広告を配信するといった取り組みで成果を上げた。

新興勢に共通するのは、独自の顧客基盤や広告に活用できるサイトなどのスペースを持っていることだ。世界的にプライバシー保護の流れが強まり、サードパーティークッキーなどの技術を使ってウェブ空間で消費者を縦横無尽に追い回すことも難しくなっている。単独で会員の購買履歴や位置情報を入手できる企業には追い風となる。

現在、米2強のシェア下落のペースは緩やかだが、パイの大きな拡大が見込みづらくなるなか、逆風であることに変わりはない。グーグルは得意とする生成AI（人工知能）を活用した衣料品のバーチャル試着機能を検索サービスに組み込むなど、EC強化に動く。アマゾンをはじめとする新勢力の伸長は、従来の枠組みを超えた競争を生みつつある。

（2023年10月26日　日本経済新聞）

ニュース対価の算定根拠開示を　公取委がヤフーやLINEに

公正取引委員会は21日、ニュース配信サービスを運営するヤフーなどIT（情報技術）大手に対し、メディアに支払うニュース記事使用料の算定根拠の開示を求める調査報告書をまとめた。使用料が著しく低い場合は、独占禁止法違反になり得るとの考えも示した。

配信サービスはメディアから記事提供を受け、対価として使用料をメディアに支払う。公取委は2022年秋から、ヤフーニュースやLINEニュース、グーグルの「ニュースショーケース」など大手7社のサービスを調べた。メディア側には新聞社やテレビ局など200社超にアンケートを実施した。

公取委はメディアが配信サービスへの依存度を年々高め、消費者も配信サービス経由で記事に触れることが多いと分析。特に市場シェアが大きいヤフーニュースはメディアに対し優越的地位にある可能性を指摘した。

調査したメディアの6割は、記事使用料の算定根拠が不透明で、金額が低いことに不満を持っていた。例えば、ヤフーニュースでは閲覧数あたりの単価の根拠が不明確との声や、グーグルでは、メディアごとに金額を算定する仕組みが不透明だとする意見があった。

公取委は配信サービス側に、金額の根拠や算定方法を「可能な限りメディアに開示することが望ましい」との考え方を示した。著しく低い使用料にした場合などは独禁法が禁じる優越的地位の乱用に当たると説明した。

一方で公取委はメディア側にもIT大手と「もっと交渉をする余地がある」と注文をつけた。交渉材料として、公取委が独自に調べた記事使用料の「相場」も公開した。IT大手がメディアに支払う記事使用料は閲覧数1000件あたり平均124円だった。メディアごとに49円から251円まで大きな幅があった。

メディアが自社サイト上の記事から得られる広告収入は、閲覧数1000件あたり平均352円で記事使用料のほうが低い。公取委が取引金額に関する水準を

具体的に示すのは異例だ。公取委としてIT大手とメディアの交渉を後押しする。

（2023年9月21日　日本経済新聞）

Twitter、動画広告に活路　ヤッカリーノCEO就任1カ月

ツイッターの運営会社が本格的に収益モデルの再構築に動き出した。かつて売上高の9割を支えた広告が米国で約6割減る中、動画などを通じた新たな広告モデルやアプリの機能強化を模索する。就任から1カ月が経過したリンダ・ヤッカリーノ最高経営責任者（CEO）は、1年足らずで3分の1近くまで減少した企業価値を高め、広告主・利用者離れを引き戻す重責も担う。

「ツイッターのコミュニティーを築いたのはあなただ。そしてこれは代替できない。ここはあなたの公共の広場だ」。ヤッカリーノ氏は就任から1カ月となるタイミングで、米メタが対抗する短文投稿アプリ「Threads（スレッズ）」を開始したのを意識してか、ツイッター上で利用者にこう呼びかけた。

ヤッカリーノ氏は6月の就任直後にも、従業員や利用者に向け「世界の交流のためのタウンスクエア（町の広場）になる」と表明した。公共性を示す「広場」という言葉を多用することで、広告主への配慮をにじませた。

米メディア大手NBCユニバーサル（NBCU）出身のヤッカリーノ氏は広告販売やマーケティング戦略を長年取りまとめてきた。業界団体のトップを務める経験も持ち、大手広告主と太いパイプを持つ。屋台骨の広告立て直しを一身に背負う。

ヤッカリーノ氏がカギとみているのが動画をはじめとする新しいメディアの形だ。ツイッターは運営会社を「X社」と改め、ビデオ通話や決済、電子商取引（EC）といったあらゆる機能を集めた「スーパーアプリ」化を進めている。

ツイッターはすでに動画共有アプリ「TikTok（ティックトック）」風の縦型動画機能を取り入れている。英紙フィナンシャル・タイムズによると、ショート動画に対応した新たな動画広告も検討しているという。

ヤッカリーノ氏はNBCUで広告付きで無料視聴できる動画サービス「ピーコック」にも関わってきた。こうした知見をツイッターでも取り入れようとしている。就任直後は他社への営業秘密漏洩を防ぐ競業避止もあり、表だって広告主との折衝が難しかったようだ。今後はメディア企業との会合を通じ、著名人やコンテンツのクリエーターを呼び込み、企業からの収益増を狙う。

（2023年7月9日　日本経済新聞）

インスタグラムやFacebookにサブスク　メタ、月2000円

米メタは19日、画像共有アプリのインスタグラムやSNS（交流サイト）のフェイスブックでサブスクリプション（継続課金）型のサービスを始めると発表した。料金は円換算で月2000円程度に設定し、他人によるなりすましの防止や投稿を人目に触れやすくするといったサービスを提供する。

新サービス「Meta Verified（メタ・ベリファイド）」を始める。まず、今週後半にオーストラリアとニュージーランドで試験提供を始め、各地に広げるとしている。料金は米アップルや米グーグルのスマートフォンから申し込んだ場合は月14.99ドル（約2000円）、ウェブサイトからは11.99ドルとする。

メタは新サービスの利用者から免許証などの公的な身分証明書の提出を受け、本人確認したアカウントに青色のチェックマークを付ける。アカウントの監視も通常より強め、なりすましを防ぐとしている。また、有人の問い合わせ対応窓口の利用や、投稿の優先的な表示といったサービスも提供する。

マーク・ザッカーバーグ最高経営責任者（CEO）は19日、フェイスブックへの投稿で「（新サービスにより）当社のサービス全体の信頼性や安全性を高める」と述べた。また、同社は「（新サービスにより）クリエーターが存在感を高め、コミュニティーを構築するのを早められるようにしたい」と説明した。

SNSの有料サービスでは米ツイッターが先行し、2021年に米国などで「ブルー」を始めた。22年10月に米起業家のイーロン・マスク氏が同社を買収すると有料サービスの強化を経営立て直しに向けた主要な取り組みのひとつと位置づけ、内容の見直しに乗り出した。料金を引き上げ、認証済みアカウントへのチェックマークの付与をサービスに含めている。

両社は売上高に占めるインターネット広告の割合が高く、ネット広告市場が成熟して競争が厳しくなるなか、収益源の拡大が課題だ。ただ、米メディアのジ・インフォメーションによると、米国におけるツイッターの有料サービスの契約者は1月中旬時点で18万人にとどまる。月間利用者の0.2%以下で、利用者がどの程度受け入れるかは不透明だ。

（2023年2月20日　日本経済新聞）

▶ 労働環境

職種：営業　　年齢・性別：20代後半・女性

- 担当クライアントや業種にもよりますが，全体的に残業は多いです。
- 突発的な事態が起きて，深夜まで対応に追われることもしばしば。
- 休日であっても，電話やメールで仕事の連絡は普通に来ます。
- 毎日定時にというのは，基本的にありえません。

職種：法人営業　　年齢・性別：20代後半・男性

- 研修制度やキャリア開発に対して環境が非常に整っています。
- 課長研修や部長研修など，役職のある人間向けの研修もあります。
- 若手が1年間海外支社に赴任する制度というのもあります。
- チャレンジジョブ制度もあり，1〜2割の人の希望が叶っています。

職種：法人営業　　年齢・性別：20代後半・男性

- 毎月のように研修があり，スキルアップできる環境が整っています。
- 社内公募制や年に1度の社内面談で勤務地や職種を変えられます。
- 営業は忙しいため，なかなか研修に参加できないこともあります。
- スタッフ系の職種の人の方が研修に参加する率は高いようです。

職種：マーケティング　　年齢・性別：30代前半・男性

- 残業は，多い月は100時間という月もありますが，均すと60時間程度で，忙しい時期と落ち着いている時期の，仕事量の差が大きいです。
- 落ち着いている時は，夜飲みに行くこともできます。
- 休日出勤はほとんどありませんが，部署によってはあるところも。

▶福利厚生

> **職種：法人営業　　年齢・性別：20代後半・男性**
>
> ・独身に限り借り上げ賃貸がありますが，結婚後の手当はありません。
> ・全国異動の可能性があるため，住宅手当がゼロは厳しいです。
> ・保養所は充実していますが，利用しやすい地域は限定されています。
> 　残業は80時間程度で，得意先によっては休日出勤も当たり前に。

> **職種：法人営業　　年齢・性別：20代後半・男性**
>
> ・福利厚生は持株会，財形等，大手の企業と同様に一通りあります。
> ・保養所が各地にあって，結構充実しています。
> ・本社周辺に勤務の場合は社員食堂があり，かなり安く食べられます。
> ・住宅補助はほとんどありません。

> **職種：機械関連職　　年齢・性別：30代後半・男性**
>
> ・30歳までは社員寮に1万円で入れますが，社宅はありません。
> ・子供手当は1人2万円，住宅手当は4000円～1万円程度あります。
> ・休暇制度は充実しており，年末年始以外にも特別休暇があります。
> ・ほとんど使われていませんが，希望する人には留学制度もあります。

> **職種：法人営業　　年齢・性別：20代後半・女性**
>
> ・福利厚生はかなり充実していると思います。
> ・残業で帰れない社員用に，24時以降泊まれる宿泊所があります。
> ・旅行も指定代理店を通すと，補助が出てタダで泊まれることも。
> ・福利厚生について把握してない人も多いですが，かなり便利です。

▶ 仕事のやりがい

職種：法人営業　　年齢・性別：30代後半・男性

・専門スタッフが揃っており，大きい組織ならではの提案が可能な点。
・印刷物や映像制作，キャンペーン運営など幅広い仕事に携われます。
・プロデューサーとして活躍出来ることに仕事の魅力を感じます。
・人同士の連携で仕事が成り立つためか，社風はやや体育会系です。

職種：法人営業　　年齢・性別：20代後半・男性

・得意先と一緒に商品を作り上げていくことにやりがいを感じます。
・営業を中心に他部署も巻き込んでの案件は非常に面白みがあります。
・実際には社内各部署との調整業務など地味な仕事も多いですが。
・既存の商品の売り込みではない営業スタイルは気に入っています。

職種：法人営業　　年齢・性別：20代後半・男性

・面白いところは，非常に幅広い商材・ソリューションを扱える点。
・得意先もほとんど全ての会社を相手にできる環境があります。
・営業としてのフィールド・可能性はとても広い会社だと思います。
・会社の総合力を発揮して提案・解決できる面白さは大きいです。

職種：法人営業　　年齢・性別：30代後半・男性

・営業力の大きさそのものがやりがいと言えるでしょう。
・自分の仕事がメディアに取り上げられると理屈抜きで面白いです。
・自分の企画したものが社会的に認められた時の達成感は大きいです。
・クライアントの課題解決に寄与した時，素直に喜びを感じます。

▶ ブラック？ホワイト？

職種：生産技術・生産管理・プロセス開発（半導体）　　年齢・性別：30代後半・男性

・得意先にもよりますが，終業時刻近くから仕事が入り始めます。
・納期フォローに時間を取られ，恒常的に残業が多いです。
・休日も携帯電話に連絡が入るため常に仕事に追われている印象。
・ただ，部署や得意先との人間関係は良好で，残業代も全額出ます。

職種：法人営業　　年齢・性別：30代後半・男性

・ワークライフバランスは非常に調整しにくいです。
・どれだけ汗をかいたかで評価されるため，長時間勤務が増えます。
・プライベート重視の人は閑職に異動させられる場合もあります。
・繁忙期は終電帰りやタクシー帰りが続き，飲み会の機会も多いです。

職種：マーケティング関連職　　年齢・性別：30代前半・男性

・クライアント次第なので，突然ものすごい業務量になることも。
・猛烈に業務をこなす上司と仕事を組むことになると大変です。
・働いている社員とそうでない社員がはっきり分かれています。
・働かない社員の方が割のいい社員生活を送っているのが何とも。

職種：財務　　年齢・性別：20代後半・男性

・仕事を突き詰めようとすればいくらでも残業が出来る環境です。
・一度業務遂行能力が評価されると，次々と仕事が舞い込むことに。
・ワークライフバランスを求める人には厳しい職場かと。
・深夜0時にいつも同じ面子が机にかじりついているという状態に。

▶ 女性の働きやすさ

職種：企画営業　　年齢・性別：20代後半・女性

- 出産休暇，育児休暇をとって復帰する人も少なくありません。
- 復帰したあとは，時短勤務などの制度も利用できます。
- 営業や企画の部署で時短で帰るのは相当の努力が必要ですが。
- ぎりぎりまでハードな勤務をし，出産休暇を取る方が多いようです。

職種：営業　　年齢・性別：20代後半・女性

- まだまだ男性社会のため，部長クラスでは女性は少ないです。
- 派遣社員や契約社員，若手社員の女性の割合は高めだと思います。
- 上のポジションにいくと，女性の割合はぐっと減ってきます。
- 営業や媒体など，長時間拘束となる部門は女性は特に少ないです。

職種：経営企画　　年齢・性別：30代後半・男性

- 産休育休を取る女性は多く，復帰後も元の部署へ戻る人が大半です。
- 時短制度を利用しながら働き続ける人も多くいます。
- 出産が女性のキャリアアップに不利になることはないかと思います。
- 女性の感性が必要な業務も多いので，働きやすい環境だと思います。

職種：アカウントエクゼクティブ　　年齢・性別：20代後半・女性

- 産休・育休の制度を利用しての現職復帰は実質厳しいです。
- 営業部の場合，クライアントに合わせるため時間が非常に不規則。
- 営業部はプライベートの時間をコントロールしにくいと思います。
- 出産後の女性は管理部門へ異動し時短勤務をするケースが多いです。

▶ 今後の展望

職種：法人営業　　年齢・性別：20代後半・男性

- 近年メディア露出も増え，働きやすい企業として紹介されることも。
- メディアの影響か，優秀な人材が男女共に多く入社してきています。
- 競争を勝ち抜いた元気のある若手が多いからか，皆活気があります。
- 優秀な若手女性も多いため，管理職層に押し上げる動きがあります。

職種：法人営業　　年齢・性別：20代後半・女性

- プライベートと仕事を両立するのは正直難しい職場ですが，時間を上手に使って両立している人がいるのも事実です。
- 最近は会社もワークライフバランスの改善を考えているようです。
- 今後は，労働環境も大きく変わってくるのではないかと思います。

職種：マーケティング関連職　　年齢・性別：50代前半・男性

- 最近では管理職として活躍している女性が目立ってきました。
- かつては男性中心の職場というイメージがありましたが。
- 戦力として女性が不可欠という認識に会社側も変わってきており，女性役員の登場も間近だと思います。

職種：一般事務　　年齢・性別：30代後半・男性

- 新しいことをどんどんやるので，とても面白い会社だと思います。
- 最近は好調なWeb事業への経営資源の割り振りが増えています。
- 既存事業への割り振りは控えめになってきているようですが。
- 今後も会社の仕事の幅は更に広がっていくと思います。

メディア業界　国内企業リスト（一部抜粋）

会社名	本社住所
日本工営株式会社	東京都千代田区麹町 5 丁目 4 番地
株式会社ネクスト	東京都港区港南二丁目 3 番 13 号 品川フロントビル
株式会社日本 M&A センター	東京都千代田区丸の内 1-8-3 丸の内トラストタワー本館 19 階
株式会社ノバレーゼ	東京都中央区銀座 1-8-14 銀座 YOMIKO ビル 4F
株式会社アコーディア・ゴルフ	東京都渋谷区渋谷 2 丁目 15 番 1 号 渋谷クロスタワー
株式会社タケエイ	東京都港区芝公園 2-4-1 A-10 階
株式会社パソナグループ	東京都千代田区大手町 2-6-4
株式会社リンクアンドモチベーション	東京都中央区銀座 3-7-3 銀座オーミビル
GCA サヴィアン株式会社	東京都千代田区丸の内 1-11-1 パシフィックセンチュリープレイス丸の内 30 階
株式会社エス・エム・エス	東京都港区芝公園 2-11-1 住友不動産芝公園タワー
テンプホールディングス株式会社	東京都渋谷区代々木 2-1-1
株式会社リニカル	大阪市淀川区宮原 1 丁目 6 番 1 号 新大阪ブリックビル 10 階
クックパッド株式会社	東京都港区白金台 5-12-7
株式会社エスクリ	東京都港区南青山 3-2-5 南青山シティビル
アイ・ケイ・ケイ株式会社	佐賀県伊万里市新天町 722 番地 5
株式会社学情	大阪市北区梅田 2-5-10 学情梅田コンパス
株式会社 スタジオアリス	大阪市北区梅田 1 丁目 8 番 17 号 大阪第一生命ビル 7F
シミックホールディングス株式会社	東京都品川区西五反田 7-10-4
NEC フィールディング株式会社	東京都港区三田一丁目 4 番 28 号
綜合警備保障株式会社	東京都港区元赤坂 1-6-6
株式会社カカクコム	東京都渋谷区恵比寿南 3 丁目 5 番 7 号 恵比寿アイマークゲート（代官山デジタルゲートビル）
株式会社アイロムホールディングス	東京都千代田区富士見 2-14-37 富士見イースト

会社名	本社住所
株式会社ルネサンス	東京都墨田区両国 2-10-14 両国シティコア 3 階
株式会社オプト	東京都千代田区四番町 6 東急番町ビル
株式会社 新日本科学	東京都中央区明石町 8-1 聖路加タワー 12 階
株式会社ツクイ	横浜市港南区上大岡西 1 丁目 6 番 1 号 ゆめおおおかオフィスタワー 16 階
株式会社綜合臨床ホールディングス	東京都新宿区西新宿二丁目 4 番 1 号 新宿 NS ビル 13 階
株式会社キャリアデザインセンター	東京都港区赤坂 3-21-20 赤坂ロングビーチビル
エムスリー株式会社	東京都港区赤坂 1 丁目 11 番 44 号 赤坂インターシティ 10 階
株式会社ベストブライダル	東京都渋谷区東 3 丁目 11 番 10 号恵比寿ビル 5F, 7F, 8F
日本 ERI 株式会社	港区赤坂 8 丁目 5 番 26 号 赤坂 DS ビル
株式会社アウトソーシング	東京都千代田区丸の内 1-8-3 丸の内トラストタワー本館 5F
株式会社ディー・エヌ・エー	東京都渋谷区渋谷 2-21-1 渋谷ヒカリエ
株式会社博報堂ＤＹホールディングス	東京都港区赤坂 5 丁目 3 番 1 号 赤坂 Biz タワー
株式会社ぐるなび	東京都千代田区有楽町 1-2-2 東宝日比谷ビル 6F
株式会社　一休	東京都港区赤坂 3-3-3 住友生命赤坂ビル 8F
ジャパンベストレスキューシステム株式会社	愛知県名古屋市昭和区鶴舞二丁目 17 番 17 号 ベルビル 2F
ジェイコムホールディングス株式会社	大阪市北区角田町 8 番 1 号梅田阪急ビルオフィスタワー 19 階
PGM ホールディングス株式会社	東京都港区高輪一丁目 3 番 13 号ＮＢＦ高輪ビル
バリューコマース株式会社	東京都港区赤坂 8-1-19 日本生命赤坂ビル 5F
株式会社 JP ホールディングス	名古屋市東区葵 3-15-31 住友生命千種ニュータワービル 17F
イーピーエス株式会社	東京都新宿区下宮比町 2-23 つるやビル
株式会社　アミューズ	東京都渋谷区桜丘町 20 番 1 号
株式会社 ドリームインキュベータ	東京都千代田区霞が関 3-2-6 東京倶楽部ビルディング 4F
ＴＡＣ株式会社	東京都千代田区三崎町 3-2-18

会社名	本社住所
ケネディクス株式会社	東京都中央区日本橋兜町 6-5 KDX 日本橋兜町ビル
株式会社 電通	東京都港区東新橋 1-8-1
株式会社テイクアンドギヴ・ニーズ	東京都品川区東品川二丁目 3 番 12 号 シーフォート スクエアセンタービル 17 階
ぴあ株式会社	東京都渋谷区東 1-2-20 渋谷ファーストタワー
株式会社イオンファンタジー	千葉県千葉市美浜区中瀬 1 丁目 5 番地 1
株式会社ネクシィーズ	東京都渋谷区桜丘町 20-4 ネクシィーズ スクエアビル
みらかホールディングス株式会社	東京都新宿区西新宿 2-1-1 新宿三井ビルディング 8F
株式会社 アルプス技研	神奈川県横浜市西区みなとみらい 2-3-5 クイーンズ タワー C 18 階
株式会社サニックス	福岡市博多区博多駅東 2 丁目 1 番 23 号
株式会社ダイオーズ	東京都港区浜松町 2-4-1 世界貿易センタービル 23 階
日本空調サービス株式会社	名古屋市名東区照が丘 239 番 2
株式会社オリエンタルランド	千葉県浦安市舞浜 1 番地 1
株式会社ダスキン	大阪府吹田市豊津町 1 番 33 号
株式会社明光ネットワークジャパン	東京都新宿区西新宿 7 丁目 20 番 1 号（住友不動産 西新宿ビル 29F/30F（受付 30F））
株式会社ファルコ SD ホールディングス	京都市中京区河原町通二条上る清水町 346 番地
株式会社　秀英予備校	静岡県静岡市葵区鷹匠 2 丁目 7-1
株式会社田谷	東京都渋谷区神宮前二丁目 18 番 19 号
株式会社ラウンドワン	大阪府堺市堺区戎島町四丁 45 番地 1 堺駅前ポルタ スセンタービル
リゾートトラスト株式会社	名古屋市中区東桜 2-18-31
株式会社ビー・エム・エル	東京都渋谷区千駄ヶ谷五丁目 21 番 3 号
ワタベウェディング株式会社	京都市下京区烏丸通仏光寺上る二帖半敷町 671 番地
株式会社もしもしホットライン	東京都渋谷区代々木 2-6-5
株式会社リソー教育	東京都豊島区目白三丁目 1 番地 40 号

会社名	本社住所
株式会社早稲田アカデミー	東京都豊島区池袋二丁目 53 番 7 号
株式会社ユー・エス・エス	愛知県東海市新宝町 507 番地の 20
株式会社東京個別指導学院	東京都中央区佃 1-11-8 ピアウエストスクエア 2 階
株式会社 テー・オー・ダブリュー	東京都港区虎ノ門四丁目 3 番 13 号 ヒューリック神谷町ビル
セントラルスポーツ株式会社	東京都中央区新川 1-21-2 茅場町タワー
株式会社フルキャストホールディングス	東京都品川区西五反田 8-9-5 ポーラ第 3 五反田ビル 12 階
リゾートソリューション株式会社	東京都新宿区西新宿 6-24-1
株式会社リブセンス	東京都品川区上大崎 2-25-2 新目黒東急ビル 5F
ジャパンマテリアル株式会社	三重県三重郡菰野町永井 3098 番 22
株式会社リロ・ホールディング	東京都新宿区新宿四丁目 3 番 23 号
株式会社エイチ・アイ・エス	東京都新宿区西新宿 6-8-1 新宿オークタワー 29 階
株式会社 共立メンテナンス	東京都千代田区外神田 2-18-8
株式会社イチネンホールディングス	大阪市淀川区西中島四丁目 10 番 6 号
株式会社　建設技術研究所	東京都中央区日本橋浜町 3-21-1 （日本橋浜町 F タワー）
株式会社スペース	東京都中央区日本橋人形町 3-9-4
燦ホールディングス株式会社	東京都港区南青山 1-1-1 新青山ビル西館 14F
スバル興業株式会社	東京都千代田区有楽町一丁目 10 番 1 号
東京テアトル株式会社	東京都中央区銀座 1-16-1
株式会社よみうりランド	東京都稲城市矢野口 4015 番地 1
東京都競馬株式会社	東京都大田区大森北一丁目 6 番 8 号
常磐興産株式会社	福島県いわき市常磐藤原町蕨平 50 番地
株式会社 カナモト	北海道札幌市中央区大通東 3 丁目 1 番地 19
株式会社東京ドーム	東京都文京区後楽 1 丁目 3 番 61 号
西尾レントオール株式会社	大阪府大阪市中央区東心斎橋 1-11-17

会社名	本社住所
株式会社アゴーラ・ホスピタリティー・グループ	東京都港区虎ノ門 5-2-6 虎ノ門第２ワイコービル 7F
トランスコスモス株式会社	東京都渋谷区渋谷 3-25-18
株式会社乃村工藝社	東京都港区台場２丁目３番４号
藤田観光株式会社	東京都文京区関口 2-10-8
ＫＮＴ－ＣＴホールディングス株式会社	東京都千代田区東神田 1-7-8 東神田フコク生命ビル
日本管財株式会社	兵庫県西宮市六湛寺町９番 16 号
株式会社トーカイ	岐阜市若宮町９丁目 16 番地
株式会社白洋舍	東京都渋谷区神山町４番 14 号
セコム株式会社	東京都渋谷区神宮前１丁目５番１号
セントラル警備保障株式会社	新宿区西新宿二丁目４番１号新宿 NS ビル
株式会社丹青社	東京都台東区上野５丁目２番２号
株式会社メイテック	東京都港区赤坂 8-5-26 赤坂 DS ビル
株式会社アサツー ディ・ケイ	東京都中央区築地一丁目 13 番１号
応用地質株式会社	東京都千代田区神田美土代町７番地
株式会社船井総合研究所	大阪市中央区北浜 4-4-10
株式会社　進学会	北海道札幌市白石区本郷通１丁目北１番 15 号
株式会社ベネッセホールディングス	岡山市北区南方 3-7-17
イオンディライト株式会社	大阪市中央区南船場 2-3-2 南船場ハートビル
株式会社ナック	東京都新宿区西新宿 1-25-1
株式会社 ニチイ学館	東京都千代田区神田駿河台２丁目９番地
株式会社ダイセキ	名古屋市港区船見町１番地 86
株式会社ステップ	神奈川県藤沢市藤沢６０２

第**3**章

就職活動のはじめかた

入りたい会社は決まった。しかし「就職活動とはそもそ
も何をしていいのかわからない」「どんな流れで進むか
わからない」という声は意外と多い。ここでは就職活
動の一般的な流れや内容，対策について解説していく。

▶就職活動のスケジュール

3月	**4**月	**6**月

就職活動スタート

> 2025年卒の就活スケジュールは，経団連と政府を中心に議論され，2024年卒の採用選考スケジュールから概ね変更なしとされている。

エントリー受付・提出

> 企業の説明会には積極的に参加しよう。独自の企業研究だけでは見えてこなかった新たな情報を得る機会であるとともに，モチベーションアップにもつながる。また，説明会に参加した者だけに配布する資料などもある。

OB・OG訪問

合同企業説明会　　個別企業説明会

筆記試験・面接試験等始まる（3月〜）

内々定（大手企業）

2月末までにやっておきたいこと

就職活動が本格化する前に，以下のことに取り組んでおこう。
◎自己分析　◎インターンシップ　◎筆記試験対策
◎業界研究・企業研究　◎学内就職ガイダンス
自分が本当にやりたいことはなにか，自分の能力を最大限に活かせる会社はどこか。自己分析と企業研究を重ね，それを文章などにして明確にしておき，面接時に最大限に活用できるようにしておこう。

7月　　　8月　　　10月

中小企業採用本格化

内定者の数が採用予定数に満た
ない企業，1年を通して採用を継
続している企業,夏休み以降に採
用活動を実施企業（後期採用）は
採用活動を継続して行っている。
大企業でも後期採用を行っている
こともあるので,企業から内定が
出ても,納得がいかなければ継続
して就職活動を行うこともある。

中小企業の採用が本格化するのは大手
企業より少し遅いこの時期から。HP
などで採用情報をつかむとともに，企
業研究も怠らないようにしよう。

内々定とは10月1日以前に通知（電話等）
されるもの。内定に関しては現在協定があり，
10月1日以降に文書等にて通知される。

内々定（中小企業）　　　内定式（10月〜）

どんな人物が求められる？

多くの企業は，常識やコミュニケーション能力があり，社会のできごと
に高い関心を持っている人物を求めている。これは「会社の一員とし
て将来の企業発展に寄与してくれるか」という視点に基づく，もっとも
普遍的な選考基準だ。もちろん，「自社の志望を真剣に考えているか」
「自社の製品，サービスにどれだけの関心を向けているか」という熱
意の部分も重要な要素になる。

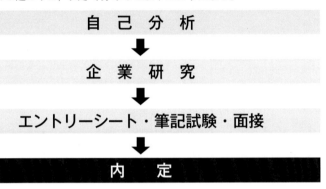

就活ロールプレイ！

理論編 STEP 1　就職活動のスタート

内定までの道のりは，大きく分けると以下のようになる。

自 己 分 析
⬇
企 業 研 究
⬇
エントリーシート・筆記試験・面接
⬇
内　　定

01 まず自己分析からスタート

　就職活動とは，「企業に自分をPRすること」。自分自身の興味，価値観に加えて，強み・能力という要素が加わって，初めて企業側に「自分が働いたら，こういうポイントで貢献できる」と自分自身を売り込むことができるようになる。

■自分の来た道を振り返る

　自己分析をするための第一歩は，「振り返ってみる」こと。

　小学校，中学校など自分のいた"場"ごとに何をしたか（部活動など），何を学んだか，交友関係はどうだったか，興味のあったこと，覚えている印象的なことを書き出してみよう。

■テストを受けてみる

　"自分では気がついていない能力"を客観的に検査してもらうことで，自分に向いている職種が見えてくる。下記の5種類が代表的なものだ。

①職業適性検査　　②知能検査　　③性格検査

④職業興味検査　　　⑤創造性検査

■先輩や専門家に相談してみる

　就職活動をするうえでは，"いかに他人に自分のことをわかってもらうか"が
重要なポイント。他者の視点で自分を分析してもらうことで，より客観的な視
点で自己PRができるようになる。

自己分析の流れ

❏過去の経験を書いてみる

❏現在の自己イメージを明確にする…行動，考え方，好きなものなど。

❏他人から見た自分を明確にする

❏将来の自分を明確にしてみる…どのような生活をおくっていたいか。期
　　待，夢，願望。なりたい自分はどういうものか，掘り下げて考える。→
　　自己分析結果を，志望動機につなげていく。

01 企業の絞り込み

　志望企業の絞り込みについての考え方は大きく分けて2つある。

　第1は，同一業種の中で1次候補，2次候補……と絞り込んでいく方法。

　第2は，業種を1次，2次，3次候補と変えながら，それぞれに2社程度ずつ絞り込んでいく方法。

　第1の方法では，志望する同一業種の中で，一流企業，中堅企業，中小企業，縁故などがある歯止めの会社……というふうに絞り込んでいく。

　第2の方法では，自分が最も望んでいる業種，将来好きになれそうな業種，発展性のある業種，安定性のある業種，現在好況な業種……というふうに区別して，それぞれに適当な会社を絞り込んでいく。

02 情報の収集場所

・キャリアセンター

・新聞

・インターネット

・企業情報

『就職四季報』（東洋経済新報社刊），『日経会社情報』（日本経済新聞社刊）などの企業情報。この種の資料は本来"株式市場"についての資料だが，その時期の景気動向を含めた情報を仕入れることができる。

・経済雑誌

『ダイヤモンド』（ダイヤモンド社刊）や『東洋経済』（東洋経済新報社刊），『エコノミスト』（毎日新聞出版刊）など。

・OB・OG／社会人

①成長力

まず"売上高"。次に資本力の問題や利益率などの比率。いくら資本金があっても，それを上回る膨大な借金を抱えていて，いくら稼いでも利払いに追われまくるようでは，成長できないし，安定できない。

成長力を見るには自己資本率を割り出してみる。自己資本を総資本で割って100を掛けると自己資本率がパーセントで出てくる。自己資本の比率が高いほうが成長力もあり安定度も高い。

利益率は純利益を売上高で割って100を掛ける。利益率が高ければ，企業はどんどん成長するし，社員の待遇も上昇する。利益率が低いということは，仕事がどんなに忙しくても利益にはつながらないということになる。

②技術力

技術力は，短期的な見方と長期的な展望が必要になってくる。研究部門が適切な規模か，大学など企業外の研究部門との連絡があるか，先端技術の分野で開発を続けているかどうかなど。

③経営者と経営形態

会社が将来，どのような発展をするか，または衰退するかは経営者の経営哲学，経営方針によるところが大きい。社長の経歴を知ることも必要。創始者の息子，孫といった親族が社長をしているのか，サラリーマン社長か，官庁などからの天下りかということも大切なチェックポイント。

④社風

社風というのは先輩社員から後輩社員に伝えられ，教えられるもの。社風もいろいろな面から必ずチェックしよう。

⑤安定性

企業が成長しているか，安定しているかということは車の両輪。どちらか片方の回転が遅くなっても企業はバランスを失う。安定し，しかも成長する。これが企業として最も理想とするところ。

⑥待遇

初任給だけを考えてみても，それが手取りなのか，基本給なのか。基本給というのはボーナスから退職金，定期昇給の金額にまで響いてくる。また，待遇というのは給与ばかりではなく，福利厚生施設でも大きな差が出てくる。

■そのほかの会社比較の基準

1. ゆとり度

休暇制度は，企業によって独自のものを設定しているところもある。「長期休暇制度」といったものなどの制定状況と，また実際に取得できているかどうかも調べたい。

2. 独身寮や住宅設備

最近では，社宅は廃止し，住宅手当を多く出すという流れもある。寮や社宅についての福利厚生は調べておく。

3. オフィス環境

会社に根づいた慣習や社員に対する考え方が，意外にオフィスの設備やレイアウトに表れている場合がある。

たとえば，個人の専有スペースの広さや区切り方，パソコンなどOA機器の設置状況，上司と部下の机の配置など，会社によってずいぶん違うもの。玄関ロビーや受付の様子を観察するだけでも，会社ごとのカラーや特徴がどこかに見えてくる。

4. 勤務地

転勤はイヤ，どうしても特定の地域で生活していきたい。そんな声に応えて，最近は流通業などを中心に，勤務地限定の雇用制度を取り入れる企業も増えている。

---

column 初任給では分からない本当の給与

会社の給与水準には「初任給」「平均給与」「平均ボーナス」「モデル給与」など，判断材料となるいくつかのデータがある。これらのデータからその会社の給料の優劣を判断するのは非常に難しい。

たとえば中小企業の中には，初任給が飛び抜けて高い会社がときどきある。しかしその後の昇給率は大きくないのがほとんど。

一方，大手企業の初任給は業種間や企業間の差が小さく，ほとんど横並びと言っていい。そこで，「平均給与」や「平均ボーナス」などで将来の予測をするわけだが，これは一応の目安とはなるが，個人差があるので正確とは言えない。

---

04 就職ノートの作成

■決定版「就職ノート」はこう作る

　1冊にすべて書き込みたいという人には，ルーズリーフ形式のノートがお勧め。会社研究，スケジュール，時事用語，OB／OG訪問，切り抜きなどの項目を作りインデックスをつける。

　カレンダー，説明会，試験などのスケジュール表を貼り，とくに会社別の説明会，面談，書類提出，試験の日程がひと目で分かる表なども作っておく。そして見開き2ページで1社を載せ，左ページに企業研究，右ページには志望理由，自己PRなどを整理する。

就職ノートの主なチェック項目

❏企業研究…資本金，業務内容，従業員数など基礎的な会社概要から，過去の採用状況，業務報告などのデータ

❏採用試験メモ…日程，条件，提出書類，採用方法，試験の傾向など

❏店舗・営業所見学メモ…流通関係，銀行などの場合は，客として訪問し，商品（値段，使用価値，ユーザーへの配慮），店員（接客態度，商品知識，熱意，親切度），店舗（ショーケース，陳列の工夫，店内の清潔さ）などの面をチェック

❏OB／OG訪問メモ…OB／OGの名前，連絡先，訪問日時，面談場所，質疑応答のポイント，印象など

❏会社訪問メモ…連絡先，人事担当者名，会社までの交通機関，最寄り駅からの地図，訪問のときに得た情報や印象，訪問にいたるまでの経過も記入

05 「OB／OG訪問」

　「OB／OG訪問」は，実際は採用予備選考開始。まず，OB／OG訪問を希望したら，大学のキャリアセンター，教授などの紹介で，志望企業に勤める先輩の手がかりをつかむ。もちろん直接電話なり手紙で，自分の意向を会社側に伝えてもいい。自分の在籍大学，学部をはっきり言って，「先輩を紹介していただけないでしょうか」と依頼しよう。

参考 ▶ **OB／OG訪問時の質問リスト例**

●採用について
- ・成績と面接の比重
- ・採用までのプロセス（日程）
- ・面接は何回あるか
- ・面接で質問される事項　etc.
- ・評価のポイント
- ・筆記試験の傾向と対策
- ・コネの効力はどうか

●仕事について
- ・内容（入社10年，20年のOB/OG）
- ・希望職種につけるのか
- ・残業，休日出勤，出張など
- ・新入社員の仕事
- ・やりがいはどうか
- ・同業他社と比較してどうか　etc.

●社風について
- ・社内のムード
- ・仕事のさせ方　etc.
- ・上司や同僚との関係

●待遇について
- ・給与について
- ・昇進のスピード
- ・福利厚生の状態
- ・離職率について　etc.

インターンシップとは，学生向けに企業が用意している「就業体験」プログラム。ここで学生はさまざまな企業の実態をより深く知ることができ，その後の就職活動において自己分析，業界研究，職種選びなどに活かすことができる。また企業側にとっても有能な学生を発掘できるというメリットがあるため，導入する企業は増えている。

インターンシップ参加が採用につながっているケースもあるため，たくさん参加してみよう。

column　コネを利用するのも１つの手段？

コネを活用できるのは，以下のような場合である。

・企業と大学に何らかの「連絡」がある場合

　　企業の新卒採用の場合，特定校・指定校が決められていることもある。企業側が過去の実績などに基づいて決めており，大学の力が大きくものをいう。

　　とくに理工系では，指導教授や研究室と企業との連絡が密接な場合が多く，教授の推薦が有利であることは言うまでもない。同じ大学出身の先輩とのコネも，この部類に区分できる。

・志望企業と「関係」ある人と関係がある場合

　　一般的に言えば，志望企業の取り引き先関係からの紹介というのが一番多い。ただし，年間億単位の実績が必要で，しかも部長・役員以上につながっていなければコネがあるとは言えない。

・志望企業と何らかの「親しい関係」がある場合

　　志望企業に勤務したりアルバイトをしていたことがあるという場合。インターンシップもここに分類される。職場にも馴染みがあり人間関係もできているので，就職に際してきわめて有利。

・志望会社に関係する人と「縁故」がある場合

　　縁故を「血縁関係」とした場合，日本企業ではこのコネはかなり有効なところもある。ただし，血縁者が同じ会社にいるというのは不都合なことも多いので，どの企業も慎重。

1. 受付の様子

受付事務がテキパキとしていて，分かりやすいかどうか。社員の態度が親切で誠意が伝わってくるかどうか。

こういった受付の様子からでも，その会社の社員教育の程度や，新入社員採用に対する熱意とか期待を推し測ることができる。

2. 控え室の様子

控え室が2カ所以上あって，国立大学と私立大学の訪問者とが，別々に案内されているようなことはないか。また，面談の順番を意図的に変えているようなことはないか。これはよくある例で，すでに大半は内定しているということを意味する場合が多い。

3. 社内の雰囲気

社員の話し方，その内容を耳にはさむだけでも，社風が伝わってくる。

4. 面談の様子

何時間も待たせたあげくに，きわめて事務的に，しかも投げやりな質問しかしないような採用担当者である場合，この会社は人事が適正に行われていないということだから，一考したほうがよい。

 説明会での質問項目

・質問内容が抽象的でなく，具体性のあるものかどうか。
・質問内容は，現在の社会・経済・政治などの情況を踏まえた，大学生らしい高度で専門性のあるものか。
・質問をするのはいいが，「それでは，あなたの意見はどうか」と逆に聞かれたとき，自分なりの見解が述べられるものであるか。

提出する書類は6種類。①～③が大学に申請する書類，④～⑥が自分で書く書類だ。大学に申請する書類は一度に何枚も入手しておこう。

① 「卒業見込証明書」
② 「成績証明書」
③ 「健康診断書」
④ 「履歴書」
⑤ 「エントリーシート」
⑥ 「会社説明会アンケート」

■自分で書く書類は「自己PR」

第1次面接に進めるか否かは「自分で書く書類」の出来にかかっている。「履歴書」と「エントリーシート」は会社説明会に行く前に準備しておくもの。「会社説明会アンケート」は説明会の際に書き，その場で提出する書類だ。

01 履歴書とエントリーシートの違い

Webエントリーを受け付けている企業に資料請求をすると，資料と一緒に「エントリーシート」が送られてくるので，応募サイトのフォームやメールでエントリーシートを送付する。Webエントリーを行っていない企業には，ハガキやメールで資料請求をする必要があるが，「エントリーシート」は履歴書とは異なり，企業が設定した設問に対して回答するもの。すなわちこれが「1次試験」であり，これにパスをした人だけが会社説明会に呼ばれる。

■**字はていねいに**

　字を書くところから，その企業に対する"本気度"は測られている。

■**誤字，脱字は厳禁**

　使用するのは，黒のインク。

■**修正液使用は不可**

■**数字は算用数字**

■**自分の広告を作るつもりで書く**

　自分はこういう人間であり，何がしたいかということを簡潔に書く。メリットになることだけで良い。自分に損になるようなことを書く必要はない。

■**「やる気」を示す具体的なエピソードを**

　「私はやる気があります」「私は根気があります」という抽象的な表現だけではNG。それを示すエピソードのようなものを書かなくては意味がない。

Point

　自己紹介欄の項目はすべて「自己PR」。自分はこういう人間であることを印象づけ，それがさらに企業への「志望動機」につながっていくような書き方をする。

column　履歴書やエントリーシートは，共通でもいい？

　「履歴書」や「エントリーシート」は企業によって書き分ける。業種はもちろん，同じ業界の企業であっても求めている人材が違うからだ。各書類は提出前にコピーを取り，さらに出した企業名を忘れずに書いておくことも大切だ。

▌履歴書記入のPoint

写真	スナップ写真は不可。 スーツ着用で，胸から上の物を使用する。ポイントは「清潔感」。 氏名・大学名を裏書きしておく。
日付	郵送の場合は投函する日，持参する場合は持参日の日付を記入する。
生年月日	西暦は避ける。元号を省略せずに記入する。
氏名	戸籍上の漢字を使う。印鑑押印欄があれば忘れずに押す。
住所	フリガナ欄がカタカナであればカタカナで，平仮名であれば平仮名で記載する。
学歴	最初の行の中央部に「学□□歴」と2文字程度間隔を空けて，中学校卒業から大学（卒業・卒業見込み）まで記入する。 中途退学の場合は，理由を簡潔に記載する。留年は記入する必要はない。 職歴がなければ，最終学歴の一段下の行の右隅に，「以上」と記載する。
職歴	最終学歴の一段下の行の中央部に「職□□歴」と2文字程度間隔を空け記入する。 「株式会社」や「有限会社」など，所属部門を省略しないで記入する。 「同上」や「〃」で省略しない。 最終職歴の一段下の行の右隅に，「以上」と記載する。
資格・免許	4級以下は記載しない。学習中のものも記載して良い。 「普通自動車第一種運転免許」など，省略せずに記載する。
趣味・特技	具体的に（例：読書でもジャンルや好きな作家を）記入する。
志望理由	その企業の強みや良い所を見つけ出したうえで，「自分の得意な事」がどう活かせるかなどを考えぬいたものを記入する。
自己PR	応募企業の事業内容や職種にリンクするような，自分の経験やスキルなどを記入する。
本人希望欄	面接の連絡方法，希望職種・勤務地などを記入する。「特になし」や空白はNG。
家族構成	最初に世帯主を書き，次に配偶者，それから家族を祖父母，兄弟姉妹の順に。続柄は，本人から見た間柄。兄嫁は，義姉と書く。
健康状態	「良好」が一般的。

エントリーシートの記入

01 エントリーシートの目的

・応募者を，決められた採用予定者数に絞り込むこと

・面接時の資料にする

の2つ。

■知りたいのは職務遂行能力

採用担当者が学生を見る場合は，「こいつは与えられた仕事をこなせるかどうか」という目で見ている。企業に必要とされているのは仕事をする能力なのだ。

> **Point**
>
> 質問に忠実に，"自分がいかにその会社の求める人材に当てはまるか"を
> 丁寧に答えること。

02 効果的なエントリーシートの書き方

■情報を伝える書き方

課題をよく理解していることを相手に伝えるような気持ちで書く。

■文章力

大切なのは全体のバランスが取れているか。書く前に，何をどれくらいの字数で収めるか計算しておく。

「起承転結」でいえば，「起」は，文章を起こす導入部分。「承」は，起を受けて，その提起した問題に対して承認を求める部分。「転」は，自説を展開する部分。もっともオリジナリティが要求される。「結」は，最後の締めの結論部分。文章の構成・まとめる力で，総合的な能力が高いことをアピールする。

エントリーシートでよく取り上げられる題材と, その出題意図

エントリーシートで求められるものは,「自己PR」「志望動機」「将来どうなりたいか (目指すこと)」の3つに大別される。

1.「自己PR」

自己分析にしたがって作成していく。重要なのは,「なぜそうしようと思ったか?」「○○をした結果, 何が変わったのか? 何を得たのか?」という"連続性"が分かるかどうかがポイント。

2.「志望動機」

自己PRと一貫性を保ち, 業界志望理由と企業志望理由を差別化して表現するように心がける。志望する業界の強みと弱み, 志望企業の強みと弱みの把握は基本。

3.「将来の展望」

どんな社員を目指すのか, 仕事へはどう臨もうと思っているか, 目標は何か, などが問われる。仕事内容を事前に把握しておくだけでなく, 5年後の自分, 10年後の自分など, 具体的な将来像を描いておくことが大切。

表現力, 理解力のチェックポイント

❏ 文法, 語法が正しいかどうか
❏ 論旨が論理的で一貫しているかどうか
❏ 1センテンスが簡潔かどうか
❏ 表現が統一されているかどうか (「です, ます」調か「だ, である」調か)

理論編 STEP5　面接試験の進みかた

01 個人面接

●自由面接法

　面接官と受験者のキャラクターやその場の雰囲気，質問と応答の進行具合などによって雑談形式で自由に進められる。

●標準面接法

　自由面接法とは逆に，質問内容や評価の基準などがあらかじめ決まっている。実際には自由面接法と併用で，おおまかな質問事項や判定基準，評価ポイントを決めておき，質疑応答の内容上の制限を緩和しておくスタイルが一般的。1次面接などでは標準面接法をとり，2次以降で自由面接法をとる企業も多い。

●非指示面接法

　受験者に自由に発言してもらい，面接官は話題を引き出したりするときなど，最小限の質問をするという方法。

●圧迫面接法

　わざと受験者の精神状態を緊張させ，受験者がどのような応答をするかを観察し，判定する。受験者は，冷静に対応することが肝心。

02 集団面接

　面接の方法は個人面接と大差ないが，面接官がひとつの質問をして，受験者が順にそれに答えるという方法と，面接官が司会役になって，座談会のような形式で進める方法とがある。

　座談会のようなスタイルでの面接は，なるべく受験者全員が関心をもっているような話題を取りあげ，意見を述べさせるという方法。この際，司会役以外の面接官は一言も発言せず，判定・評価に専念する。

03 グループディスカッション

　グループディスカッション（以下，GD）の時間は30～60分程度，1グループの人数は5～10人程度で，司会は面接官が行う場合や，時間を決めて学生が交替で行うことが多い。面接官は内容については特に指示することはなく，受験者がどのようにGDを進めるかを観察する。

　評価のポイントは，全体的には理解力，表現力，指導性，積極性，協調性など，個別的には性格，知識，適性などが観察される。

　GDの特色は，集団の中での個人ということで，受験者の能力がどの程度のものであるか，また，どのようなことに向いているかを判定できること。受験者は，グループの中における自分の位置を面接官に印象づけることが大切だ。

グループディスカッション方式の面接におけるチェックポイント

❏ 全体の中で適切な論点を提供できているかどうか。
❏ 問題解決に役立つ知識を持っているか，また提供できているかどうか。
❏ もつれた議論を解きほぐし，的はずれの議論を元に引き戻す努力をしているかどうか。
❏ グループ全体としての目標をいつも考えているかどうか。
❏ 感情的な対立や攻撃をしかけているようなことはないか。
❏ 他人の意見に耳を傾け，よい意見には賛意を表し，それを全体に推し広げようという寛大さがあるかどうか。
❏ 議論の流れを自然にリードするような主導性を持っているかどうか。
❏ 提出した意見が議論の進行に大きな影響を与えているかどうか。

04 面接時の注意点

●控え室

　控え室には，指定された時間の15分前には入室しよう。そこで担当の係から，面接に際しての注意点や手順の説明が行われるので，疑問点は積極的に聞くようにし，心おきなく面接にのぞめるようにしておこう。会社によっては，所定のカードに必要事項を書き込ませたり，お互いに自己紹介をさせたりする場合もある。また，この控え室での行動も細かくチェックして，合否の資料にしている会社もある。

●入室・面接開始

　係員がドアの開閉をしてくれる場合もあるが，それ以外は軽くノックして入室し，必ずドアを閉める。そして入口近くで軽く一礼し，面接官か補助員の「どうぞ」という指示で正面の席に進み，ここで再び一礼をする。そして，学校名と氏名を名のって静かに着席する。着席時は，軽く椅子にかけるようにする。

●面接終了と退室

　面接の終了が告げられたら，椅子から立ち上がって一礼し，椅子をもとに戻して，面接官または係員の指示を受けて退室する。

　その際も，ドアの前で面接官のほうを向いて頭を下げ，静かにドアを開閉する。控え室に戻ったら，係員の指示を受けて退社する。

05 面接試験の評定基準

●協調性

　企業という「集団」では，他人との協調性が特に重視される。

　感情や態度が円満で調和がとれていること，極端に好悪の情が激しくなく，物事の見方や考え方が穏健で中立であることなど，職場での人間関係を円滑に進めていくことのできる人物かどうかが評価される。

●話し方

　外観印象的には，言語の明瞭さや応答の態度そのものがチェックされる。小さな声で自信のない発言，乱暴野卑な発言は減点になる。

　考えをまとめたら，言葉を選んで話すくらいの余裕をもって，真剣に応答しようとする姿勢が重視される。軽率な応答をしたり，まして発言に矛盾を指摘されるような事態は極力避け，もしそのような状況になりそうなときは，自分の非を認めてはっきりと謝るような態度を示すべき。

●好感度

　実社会においては，外観による第一印象が，人間関係や取引に大きく影響を及ぼす。

　「フレッシュな爽やかさ」に加え，入社志望など，自分の意思や希望をより明確にすることで，強い信念に裏づけられた姿勢をアピールできるよう努力したい。

●判断力

何を質問されているのか，何を答えようとしているのか，常に冷静に判断していく必要がある。

●表現力
話に筋道が通り理路整然としているか，言いたいことが簡潔に言えるか，話し方に抑揚があり聞く者に感銘を与えるか，用語が適切でボキャブラリーが豊富かどうか。

●積極性
活動意欲があり，研究心旺盛であること，進んで物事に取り組み，創造的に解決しようとする意欲が感じられること，話し方にファイトや情熱が感じられること，など。

●計画性
見通しをもって順序よく合理的に仕事をする性格かどうか，またその能力の有無。企業の将来性のなかに，自分の将来をどうかみ合わせていこうとしているか，現在の自分を出発点として，何を考え，どんな仕事をしたいのか。

●安定性
情緒の安定は，社会生活に欠くことのできない要素。自分自身をよく知っているか，他の人に流されない信念をもっているか。

●誠実性
自分に対して忠実であろうとしているか，物事に対してどれだけ誠実な考え方をしているか。

●社会性
企業は集団活動なので，自分の考えに固執したり，不平不満が多い性格は向かない。柔軟で適応性があるかどうか。

> 清潔感や明朗さ，若々しさといった**外観面**も重視される。

06 面接試験の質問内容

1. 志望動機
受験先の概要や事業内容はしっかりと頭の中に入れておく。また，その企業の企業活動の社会的意義と，自分自身の志望動機との関連を明確にしておく。「安定している」「知名度がある」「将来性がある」といった利己的な動機，「自

分の性格に合っている」というような，あいまいな動機では説得力がない。安定性や将来性は，具体的にどのような企業努力によって支えられているのかという考察も必要だし，それに対する受験者自身の評価や共感なども問われる。

①どうしてその業種なのか

②どうしてその企業なのか

③どうしてその職種なのか

以上の①〜③と，自分の性格や資質，専門などとの関連性を説明できるようにしておく。

自分がどうしてその会社を選んだのか，どこに大きな魅力を感じたのかを，できるだけ具体的に，情熱をもって語ることが重要。自分の長所と仕事の適性を結びつけてアピールし，仕事のやりがいや仕事に対する興味を述べるのもよい。

■複数の企業を受験していることは言ってもいい？

同じ職種，同じ業種で何社かかけもちしている場合，正直に答えてもかまわない。しかし，「第一志望はどこですか」というような質問に対して，正直に答えるべきかどうかというと，やはりこれは疑問がある。どんな会社でも，他社を第一志望にあげられれば，やはり愉快には思わない。

また，職種や業種の異なる会社をいくつか受験する場合も同様で，極端に性格の違う会社をあげれば，その矛盾を突かれるのは必至だ。

2. 仕事に対する意識・職業観

採用試験の段階では，次年度の配属予定が具体的に固まっていない会社もかなりある。具体的に職種や部署などを細分化して募集している場合は別だが，そうでない場合は，希望職種をあまり狭く限定しないほうが賢明。どの業界においても，採用後，新入社員には，研修としてその会社の各セクションをひと通り経験させる企業は珍しくない。そのうえで，具体的な配属計画を検討するのだ。

大切なことは，就職や職業というものを，自分自身の生き方の中にどう位置づけるか，また，自分の生活の中で仕事とはどういう役割を果たすのかを考えてみること。つまり自分の能力を活かしたい，社会に貢献したい，自分の存在価値を社会的に実現してみたい，ある分野で何か自分の力を試してみたい……，などの場合を考え，それを自分自身の人生観，志望職種や業種などとの関係を考えて組み立ててみる。自分の人生観をもとに，それを自分の言葉で表現できるようにすることが大切。

3. 自己紹介・自己PR

性格そのものを簡単に変えたり，欠点を克服したりすることは実際には難しいが，“仕方がない”という姿勢を見せることは禁物で，どんなささいなことでも，努力している面をアピールする。また一般的にいって，専門職を除けば，就職時になんらかの資格や技能を要求する企業は少ない。

ただ，資格をもっていれば採用に有利とは限らないが，専門性を要する業種では考慮の対象とされるものもある。たとえば英検，簿記など。

企業が学生に要求しているのは，4年間の勉学を重ねた学生が，どのように仕事に有用であるかということで，学生の知識や学問そのものを聞くのが目的ではない。あくまで，社会人予備軍としての謙虚さと素直さを失わないようにする。

知識や学力よりも，その人の人間性，ビジネスマンとしての可能性を重視するからこそ，面接担当者は，学生生活全般について尋ねることで，書類だけでは分からない人間性を探ろうとする。

何かうち込んだものや思い出に残る経験などは，その人の人間的な成長になんらかの作用を及ぼしているものだ。どんな経験であっても，そこから受けた印象や教訓などは，明確に答えられるようにしておきたい。

4. 一般常識・時事問題

一般常識・時事問題については筆記試験の分野に属するが，面接でこうしたテーマがもち出されることも珍しくない。受験者がどれだけ社会問題に関心をもっているか，一般常識をもっているか，また物事の見方・考え方に偏りがないかなどを判定する。知識や教養だけではなく，一問一答の応答を通じて，その人の性格や適応能力まで判断されることになる。

07 面接に向けての事前準備

■面接試験1カ月前までには万全の準備をととのえる

●志望会社・職種の研究

新聞の経済欄や経済雑誌などのほか，会社年鑑，株式情報など書物による研究をしたり，インターネットにあがっている企業情報や，検索によりさまざまな角度から調べる。すでにその会社へ就職している先輩や知人に会って知識を得たり，大学のキャリアセンターへ情報を求めるなどして総合的に判断する。

■専攻科目の知識・卒論のテーマなどの整理

大学時代にどれだけ勉強してきたか，専攻科目や卒論のテーマなどを整理しておく。

■時事問題に対する準備

　毎日欠かさず新聞を読む。志望する企業の話題は，就職ノートに整理するなどもアリ。

面接当日の必需品

❏必要書類（履歴書，卒業見込証明書，成績証明書，健康診断書，推薦状）

❏学生証

❏就職ノート（志望企業ファイル）

❏印鑑，朱肉

❏筆記用具（万年筆，ボールペン，サインペン，シャープペンなど）

❏手帳，ノート

❏地図（訪問先までの交通機関などをチェックしておく）

❏現金（小銭も用意しておく）

❏腕時計（オーソドックスなデザインのもの）

❏ハンカチ，ティッシュペーパー

❏くし，鏡（女性は化粧品セット）

❏シューズクリーナー

❏ストッキング

❏折りたたみ傘（天気予報をチェックしておく）

❏携帯電話，充電器

■一般常識試験

> 社会人として企業活動を行ううえで最低限必要となる一般常識のほか，
> 英語，国語，社会(時事問題)，数学などの知識の程度を確認するもの。

　難易度はおおむね中学・高校の教科書レベル。一般常識の問題集を1冊やっておけばよいが，業界によっては専門分野が出題されることもあるため，必ず志望する企業のこれまでの試験内容は調べておく。

■一般常識試験の対策

・**英語**　慣れておくためにも，教科書を復習する，英字新聞を読むなど。

・**国語**　漢字，四字熟語，反対語，同音異義語，ことわざをチェック。

・**時事問題**　新聞や雑誌,テレビ,ネットニュースなどアンテナを張っておく。

■適性検査

　SPI（Synthetic Personality Inventory）試験（SPI3試験）とも呼ばれ，能力テストと性格テストを合わせたもの。

　能力テストでは国語能力を測る「言語問題」と，数学能力を測る「非言語問題」がある。言語的能力，知覚能力，数的能力のほか，思考・推理能力，記憶力，注意力などの問題で構成されている。

　性格テストは「はい」か「いいえ」で答えていく。仕事上の適性と性格の傾向などが一致しているかどうかをみる。

> SPIは職務への適応性を客観的にみるためのもの。

01 「論文」と「作文」

　一般に「論文」はあるテーマについて自分の意見を述べ，その論証をする文章で，必ず意見の主張とその論証という2つの部分で構成される。問題提起と論旨の展開，そして結論を書く。

　「作文」は，一般的には感想文に近いテーマ，たとえば「私の興味」「将来の夢」といったものがある。

　就職試験では「論文」と「作文」を合わせた“論作文”とでもいうようなものが出題されることが多い。

　論作文試験とは，「文章による面接」。テーマに書き手がどういう態度を持っているかを知ることが，出題の主な目的だ。受験者の知識・教養・人生観・社会観・職業観，そして将来への希望などが，どのような思考を経て，どう表現されているかによって，企業にとって，必要な人物かどうかを判断している。

　論作文の場合には，書き手の社会的意識や考え方に加え，「感銘を与える」働きが要求される。就職活動とは，企業に対し「自分をアピールすること」だということを常に念頭に置いておきたい。

Point

論文と作文の違い

	論　文	作　文
テーマ	学術的・社会的・国際的なテーマ。時事，経済問題など	個人的・主観的なテーマ。人生観，職業観など
表現	自分の意見や主張を明確に述べる。	自分の感想を述べる。
展開	四段型（起承転結）の展開が多い。	三段型（はじめに・本文・結び）の展開が多い。
文体	「だ調・である調」のスタイルが多い。	「です調・ます調」のスタイルが多い。

・テーマ

与えられた課題（テーマ）を，受験者はどのように理解しているか。

出題されたテーマの意義をよく考え，それに対する自分の意見や感情が，十分に整理されているかどうか。

・表現力

課題について本人が感じたり，考えたりしたことを，文章で的確に表しているか。

・字・用語・その他

かなづかいや送りがなが合っているか，文中で引用されている格言やことわざの類が使用法を間違えていないか，さらに誤字・脱字に至るまで，文章の基本的な力が受験者の人柄ともからんで厳密に判定される。

・オリジナリティ

魅力がある文章とは，オリジナリティを率直に出すこと。自分の感情や意見を，自分の言葉で表現する。

・生活態度

文章は，書き手の人格や人柄を映し出す。平素の社会的関心や他人との協調性，趣味や読書傾向はどうであるかといった，受験者の日常における生き方，生活態度がみられる。

・字の上手・下手

できるだけ読みやすい字を書く努力をする。また，制限字数より文章が長くなって原稿用紙の上下や左右の空欄に書き足したりすることは避ける。消しゴムで消す場合にも，丁寧に。

いずれの場合でも，表面的な文章力を問うているのではなく，受験者の人柄のほうを重視している。

マナーチェックリスト

就活において企業の人事担当は，面接試験やOG／OB訪問，そして面接試験において，あなたのマナーや言葉遣いといった，「常識力」をチェックしている。現在の自分はどのくらい「常識力」が身についているかをチェックリストで振りかえり，何ができて，何ができていないかを明確にしたうえで，今後の取り組みに生かしていこう。

評価基準 　5：大変良い　4：やや良い　3：どちらともいえない　2：やや悪い　1：悪い

	項　目	評　価	メ　モ
挨拶	明るい笑顔と声で挨拶をしているか		
	相手を見て挨拶をしているか		
	相手より先に挨拶をしているか		
	お辞儀を伴った挨拶をしているか		
	直接の応対者でなくても挨拶をしているか		
表情	笑顔で応対しているか		
	表情に私的感情がでていないか		
	話しかけやすい表情をしているか		
	相手の話は真剣な顔で聞いているか		
身だしなみ	前髪は目にかかっていないか		
	髪型は乱れていないか／長い髪はまとめているか		
	髭の剃り残しはないか／化粧は健康的か		
	服は汚れていないか／清潔に手入れされているか		
	機能的で職業・立場に相応しい服装をしているか		
	華美なアクセサリーはつけていないか		
	爪は伸びていないか		
	靴下の色は適当か／ストッキングの色は自然な肌色か		
	靴の手入れは行き届いているか		
	ポケットに物を詰めすぎていないか		

	項　目	評　価	メ　モ
言葉遣い	専門用語を使わず，相手にわかる言葉で話しているか		
	状況や相手に相応しい敬語を正しく使っているか		
	相手の聞き取りやすい音量・速度で話しているか		
	語尾まで丁寧に話しているか		
	気になる言葉癖はないか		
動作	物の授受は両手で丁寧に実施しているか		
	案内・指し示し動作は適切か		
	キビキビとした動作を心がけているか		
心構え	勤務時間・指定時間の5分前には準備が完了しているか		
	心身ともに健康管理をしているか		
	仕事とプライベートの切替えができているか		

☑ 常に自己点検をするクセをつけよう

「人を表情やしぐさ，身だしなみなどの見かけで判断してはいけない」と一般にいわれている。確かに，人の個性は見かけだけではなく，内面においても見いだされるもの。しかし，私たちは人を第一印象である程度決めてしまう傾向がある。それが面接試験など初対面の場合であればなおさらだ。したがって，チェックリストにあるような挨拶，表情，身だしなみ等に注意して面接試験に臨むことはとても重要だ。ただ，これらは面接試験前にちょっと対策したからといって身につくようなものではない。付け焼き刃的な対策をして面接試験に臨んでも，面接官はあっという間に見抜いてしまう。日頃からチェックリストにあるような項目を意識しながら行動することが大事であり，そうすることで，最初はぎこちない挨拶や表情等も，その人の個性に応じたすばらしい所作へ変わっていくことができるのだ。さっそく，本日から実行してみよう。

面接試験において，印象を決定づける表情はとても大事。

どのようにすれば感じのいい表情ができるのか，ポイントを確認していこう。

明るく,温和で柔らかな表情をつくろう

人間関係の潤滑油

表情に関しては，まずは豊かであるということがベースになってくる。うれしい表情，困った表情，驚いた表情など，さまざまな気持ちを表現できるということが，人間関係を潤いのあるものにしていく。

Point

　表情はコミュニケーションの大前提。相手に「いつでも話しかけてくださいね」という無言の言葉を発しているのが，就活に求められる表情だ。面接官が安心してコミュニケーションをとろうと思ってくれる表情。それが，明るく，温和で柔らかな表情となる。

カンタンTraining

いますぐデキる

Training 01

喜怒哀楽を表してみよう

- ・人との出会いを楽しいと思うことが表情の基本
- ・表情を豊かにする大前提は相手の気持ちに寄り添うこと
- ・目元・口元だけでなく，眉の動きを意識することが大事

Training 02

表情筋のストレッチをしよう

- ・表情筋は「ウイスキー」の発音によって鍛える
- ・意識して毎日，取り組んでみよう
- ・笑顔の共有によって相手との距離が縮まっていく

コミュニケーションは挨拶から始まり，その挨拶ひとつで印象は変わるもの。
ポイントを確認していこう。

丁寧にしっかりと
はっきり挨拶をしよう

人間関係の第一歩

挨拶は心を開いて，相手に近づくコミュニケーションの第一歩。たかが挨拶，されど挨拶の重要性をわきまえて，きちんとした挨拶をしよう。形，つまり"技"も大事だが，心をこめることが最も重要だ。

Point

　挨拶はコミュニケーションの第一歩。相手が挨拶するのを待っているのは望ましくない。挨拶の際のポイントは丁寧であることと，はっきり声に出すことの2つ。丁寧な挨拶は，相手を大事にして迎えている気持ちの表れとなる。はっきり声に出すことで，これもきちんと相手を迎えていることが伝わる。また，相手もその応答として挨拶してくれることで，会ってすぐに双方向のコミュニケーションが成立する。

いますぐデキる
カンタンTraining

３つのお辞儀をマスターしよう

① 会釈（15度）　　　② 敬礼（30度）　　　③ 最敬礼（45度）

- 息を吸うことを意識してお辞儀をするとキレイな姿勢に
- 目線は真下ではなく，床前方1.5m先ぐらいを見よう
- 相手への敬意を忘れずに

対面時は言葉が先，お辞儀が後

- 相手に体を向けて先に自ら挨拶をする
- 挨拶時，相手とアイコンタクトを
  しっかり取ろう
- 挨拶の後に，お辞儀をする。
  これを「語先後礼」という

コミュニケーションは「話す」よりも「聞く」ことといわれる。相手が話しやすい聞き方の，ポイントを確認しよう。

受容の立場で
傾聴しよう

相手の話を受けとめる

話を聞くときは，やや前に傾く姿勢をとる。表情と姿勢が合わさることにより，話し手の心が開き「あれも，これも話そう」という気持ちになっていく。また，「はい」と一度のお辞儀で頷くと相手の話を受け止めているというメッセージにつながる。

Point

　話をすること，話を聞いてもらうことは誰にとってもプレッシャーを伴うもの。そのため，「何でも話して良いんですよ」「何でも話を聞きますよ」「心配しなくて良いんですよ」という気持ちで聞くことが大切になる。その気持ちが聞く姿勢に表れれば，相手は安心して話してくれる。

いますぐデキる
カンタンTraining

Training 01
頷きは一度で

・相手が話した後に「はい」と
　一言発する
・頷きすぎは逆効果

Training 02
目線は自然に

・鼻の付け根あたりを見ると
　自然な印象に
・目を見つめすぎるのはNG

Training 03
話の句読点で視線を移す

・視線は話している人を見ることが基本
・複数の人の話を聞くときは句読点を意識し，
　視線を振り分けることで聞く姿勢を表す

伝わる話し方

自分の意思を相手に明確に伝えるためには，話し方が重要となる。はっきりと的確に話すためのポイントを確認しよう。

明るい発声を
心がけよう

ボリュームを意識して

話すときのポイントとしては，ボリュームを意識することが挙げられる。会議室の一番奥にいる人に声が届くように意識することで，声のボリュームはコントロールされていく。

Point

　コミュニケーションとは「伝達」すること。どのようなことも，適当に伝えるのではなく，伝えるべきことがきちんと相手に届くことが大切になる。そのためには，はっきりと，分かりやすく，丁寧に，心を込めて話すこと。言葉だけでなく，表情やジェスチャーを加えることも有効。

いますぐデキる
カンタンTraining

Training 01
腹式呼吸で発声練習

- 「あえいうえおあお」と発声する
- 腹式呼吸は，胸部をなるべく動かさずに，息を吸うときにお腹や腰が膨らむよう意識する呼吸法

Training 02
早口言葉にチャレンジ

おあやや
母親に
お謝り

- 「おあやや，母親に，お謝り」と早口で
- 口がすぼまった「お」と口が開いた「あ」の発音に，変化をつけられるかがポイント

Training 03
ジェスチャーを有効活用

- 腰より上でジェスチャーをする
- 体から離した位置に手をもっていく
- ジェスチャーをしたら戻すところをさだめておく

身だしなみはその人自身を表すもの。身だしなみの基本について，ポイントを確認しよう。

清潔感,さわやかさを醸し出せるようにしよう

プロの企業人にふさわしい身だしなみを

信頼感，安心感をもたれる身だしなみを考えよう。TPOに合わせた服装は，すなわち"礼"を表している。そして，身だしなみには，「清潔感」,「品のよさ」,「控え目である」という，3つのポイントがある。

Point

相手との心理的な距離や物理的な距離が遠ければ，コミュニケーションは成立しにくくなる。見た目が不潔では誰も近付いてこない。身だしなみが清潔であること，爽やかであることは相手との距離を縮めることにも繋がる。

いますぐデキる
カンタンTraining

Training 01

髪型，服装を整えよう

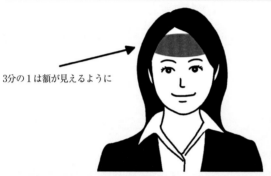

3分の1は額が見えるように

・男性も女性も眉が見える髪型が望ましい。3分の1は額が見えるように。額は知性と清潔感を伝える場所。男性の髪の長さは耳や襟にかからないように
・スーツで相手の前に立つときは，ボタンはすべて留める。男性の場合は下のボタンは外す

Training 02

おしゃれとの違いを明確に

・爪はできるだけ切りそろえる
・爪の中の汚れにも注意
・ジェルネイル，ネイルアートはNG

Training 03

足元にも気を配って

・女性の場合はパンプス，男性の場合は黒の紐靴が望ましい
・靴はこまめに汚れを落とし見栄えよく

姿勢にはその人の意欲が反映される。前向き，活動的な姿勢を表すにはどうしたらよいか，ポイントを確認しよう。

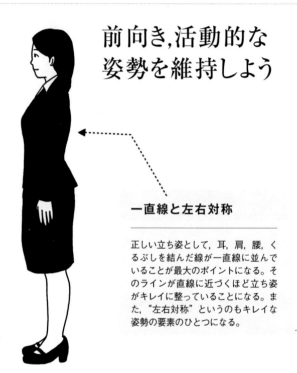

前向き,活動的な姿勢を維持しよう

一直線と左右対称

正しい立ち姿として，耳，肩，腰，くるぶしを結んだ線が一直線に並んでいることが最大のポイントになる。そのラインが直線に近づくほど立ち姿がキレイに整っていることになる。また，"左右対称"というのもキレイな姿勢の要素のひとつになる。

Point

　姿勢は，身体と心の状態を反映するもの。そのため，良い姿勢でいることは，印象が清々しいだけでなく，健康で元気そうに見え，話しかけやすさにも繋がる。歩く姿勢，立つ姿勢，座る姿勢など，どの場面にも心身の健康状態が表れるもの。日頃から心身の健康状態に気を配り，フィジカルとメンタル両面の自己管理を心がけよう。

いますぐデキる
カンタン**Training**

キレイな歩き方を心がけよう

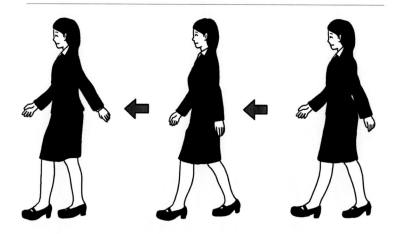

- ・女性は1本の線上を，男性はそれよりも太い線上を沿うように歩く
- ・一歩踏み出したときに前の足に体重を乗せるように，腰から動く
- ・12時の方向につま先をもっていく

前向きな気持ちを持とう

- ・常に前向きな気持ちが姿勢を正す
- ・ポジティブ思考を心がけよう

言葉遣いの正しさはとは，場面にあった言葉を遣うということ。相手を気づかいながら，言葉を選ぶことで，より正しい言葉に近づいていく。

相手と場面に合わせた
ふさわしい言葉遣いを

次の文は接客の場面でよくある間違えやすい敬語です。
それぞれの言い方は○×どちらでしょうか。

問1「資料をご拝読いただきありがとうございます」

問2「こちらのパンフレットはもういただかれましたか？」

問3「恐れ入りますが，こちらの用紙にご記入してください」

問4「申し訳ございませんが，来週，休ませていただきます」

問5「先ほどの件，帰りましたら上司にご報告いたしますので」

Point

　ビジネスのシーンに敬語は欠くことができない。何度もやり取りをしていく中で，親しさの度合いによっては，あえてくだけた表現を用いることもあるが，「親しき仲にも礼儀あり」と言われるように，敬意や心づかいをおろそかにしてはいけないもの。相手に誤解されたり，相手の気分を壊すことのないように，相手や場面にふさわしい言葉遣いが大切になる。

解答と解説

問1 （×）　○正しい言い換え例

→「ご覧いただきありがとうございます」など

「拝読」は自分が「読む」意味の謙譲語なので，相手の行為に使うのは誤り。読むと見るは同義なため，多く，見るの尊敬語「ご覧になる」が用いられる。

問2 （×）　○正しい言い換え例

→「お持ちですか」「お渡ししましたでしょうか」　など

「いただく」は，食べる・飲む・もらうの謙譲語。「もらったかどうか」と聞きたいのだから，「おもらいになりましたか」と言えないこともないが，持っているかどうか，受け取ったかどうかという意味で「お持ちですか」などが使われることが多い。また，自分側が渡すような場合は，「お渡しする」を使って「お渡ししましたでしょうか」などの言い方に換えることもできる。

問3 （×）　○正しい言い換え例

→「恐れ入りますが，こちらの用紙にご記入ください」など

「ご記入する」の「お（ご）～する」は謙譲語の形。相手の行為を謙譲語で表すことになるため誤り。「して」を取り除いて「ご記入ください」か，和語に言い換えて「お書きください」とする。ほかにも「お書き／ご記入・いただけますでしょうか・願います」などの表現もある。

問4 （△）

有給休暇を取る場合や，弔事等で休むような場面で，用いられることも多い。「休ませていただく」ということで一見丁寧に響くが，「来週休むと自分で休みを決めている」という勝手な表現にも受け取られかねない言葉だ。ここは同じ「させていただく」を用いても，相手の都合をうかがう言い方に換えて「○○がございまして，申し訳ございませんが，休みをいただいてもよろしいでしょうか」などの言い換えが好ましい。

問5 （×）　○正しい言い換え例

→「上司に報告いたします」

「ご報告いたします」は，ソトの人との会話で使うとするならば誤り。「ご報告いたします」の「お・ご～いたす」は，「お・ご～する」と「～いたす」という2つの敬語を含む言葉。そのうちの「お・ご～する」は，主語である自分を低めて相手＝上司を高める働きをもつ表現（謙譲語Ⅰ）。一方「～いたす」は，主語の私を低めて，話の聞き手に対して丁寧に述べる働きをもつ表現（謙譲語Ⅱ　丁重語）。「お・ご～する」も「～いたす」も同じ謙譲語であるため紛らわしいが，主語を低める（謙譲）という働きは同じでも，行為の相手を高める働きがあるかないかという点に違いがあるといえる。

敬語は正しく使用することで，相手の印象を大きく変えることができる。尊敬語，謙譲語の区別をはっきりつけて，誤った用法で話すことのないように気をつけよう。

言葉の使い方が
マナーを表す!

■よく使われる尊敬語の形　「言う・話す・説明する」の例

専用の尊敬語型	おっしゃる
～れる・～られる型	言われる・話される・説明される
お（ご）～になる型	お話しになる・ご説明になる
お（ご）～なさる型	お話しなさる・ご説明なさる

■よく使われる謙譲語の形　「言う・話す・説明する」の例

専用の謙譲語型	申す・申し上げる
お（ご）～する型	お話しする・ご説明する
お（ご）～いたす型	お話しいたします・ご説明いたします

Point

　同じ尊敬語・謙譲語でも，よく使われる代表的な形がある。ここではその一例をあげてみた。敬語の使い方に迷ったときなどは，まずはこの形を思い出すことで，大抵の語はこの型にはめ込むことができる。同じ言葉を用いたほうがよりわかりやすいといえるので，同義に使われる「言う・話す・説明する」を例に考えてみよう。

　ほかにも「お話しくださる」や「お話しいただく」「お元気でいらっしゃる」などの形もあるが，まずは表の中の形を見直そう。

■よく使う動詞の尊敬語・謙譲語

なお，尊敬語の中の「言われる」などの「れる・られる」を付けた形は省力している。

基本	尊敬語（相手側）	謙譲語（自分側）
会う	お会いになる	お目にかかる・お会いする
言う	おっしゃる	申し上げる・申す
行く・来る	いらっしゃる おいでになる お見えになる お越しになる お出かけになる	伺う・参る お伺いする・参上する
いる	いらっしゃる・おいでになる	おる
思う	お思いになる	存じる
借りる	お借りになる	拝借する・お借りする
聞く	お聞きになる	拝聴する 拝聞する お伺いする・伺う お聞きする
知る	ご存じ（知っているという意で）	存じ上げる・存じる
する	なさる	いたす
食べる・飲む	召し上がる・お召し上がりになる お飲みになる	いただく・頂戴する
見る	ご覧になる	拝見する
読む	お読みになる	拝読する

「お伺いする」「お召し上がりになる」などは，「伺う」「召し上がる」自体が敬語なので「二重敬語」ですが，慣習として定着しており間違いではないもの。

――Point――

　上記の「敬語表」は，よく使うと思われる動詞をそれぞれ尊敬語・謙譲語で表したもの。このように大体の言葉は型にあてはめることができる。言葉の中には「お（ご）」が付かないものもあるが，その場合でも「～なさる」を使って，「スピーチなさる」や「運営なさる」などと言うことができる。また，表では，「言う」の尊敬語「言われる」の例は省いているが，れる・られる型の「言われる」よりも「おっしゃる」「お話しになる」「お話しなさる」などの言い方のほうが，より敬意も高く，言葉としても何となく響きが落ち着くといった印象を受けるものとなる。

会話は相手があってのこと。いかなる場合でも，相手に対する心くばりを忘れないことが，会話をスムーズに進めるためのコツになる。

心くばりを添えるひと言で
言葉の印象が変わる!

　相手に何かを頼んだり，また相手の依頼を断ったり，相手の抗議に対して反論したりする場面では，いきなり自分の意見や用件を切り出すのではなく，場面に合わせて心くばりを伝えるひと言を添えてから本題に移ると，響きがやわらかくなり，こちらの意向も伝えやすくなる。俗にこれは「クッション言葉」と呼ばれている。(右表参照)

Point

　ビジネスの場面で，相手と話したり手紙やメールを送る際には，何か依頼事があってという場合が多いもの。その場合に「ちょっとお願いなんですが…」では，ふだんの会話と変わりがないものになってしまう。そこを「突然のお願いで恐れ入りますが」「急にご無理を申しまして」「こちらの勝手で恐縮に存じますが」「折り入ってお願いしたいことがございまして」などの一言を添えることで，直接的なきつい感じが和らぐだけでなく，「申し訳ないのだけれど，もしもそうしていただくことができればありがたい」という，相手への配慮や願いの気持ちがより強まる。このような前置きの言葉もうまく用いて，言葉に心くばりを添えよう。

相手の意向を尋ねる場合	「よろしければ」「お差し支えなければ」
	「ご都合がよろしければ」「もしお時間がありましたら」
	「もしお嫌いでなければ」「ご興味がおありでしたら」
相手に面倒を かけてしまうような場合	「お手数をおかけしますが」
	「ご面倒をおかけしますが」
	「お手を煩わせまして恐縮ですが」
	「お忙しい時に申し訳ございませんが」
	「お時間を割いていただき申し訳ありませんが」
	「貴重なお時間を頂戴し恐縮ですが」
自分の都合を 述べるような場合	「こちらの勝手で恐縮ですが」
	「こちらの都合（ばかり）で申し訳ないのですが」
	「私どもの都合ばかりを申しまして，まことに申し訳なく存じますが」
	「ご無理を申し上げまして恐縮ですが」
急な話をもちかけた場合	「突然のお願いで恐れ入りますが」
	「急にご無理を申しまして」
	「もっと早くにご相談申し上げるべきところでございましたが」
	「差し迫ってのことでまことに申し訳ございませんが」
何度もお願いする場合	「たびたびお手数をおかけしまして恐縮に存じますが」
	「重ね重ね恐縮に存じますが」
	「何度もお手を煩わせまして申し訳ございませんが」
	「ご面倒をおかけしてばかりで，まことに申し訳ございませんが」
難しいお願いをする場合	「ご無理を承知でお願いしたいのですが」
	「たいへん申し上げにくいのですが」
	「折り入ってお願いしたいことがございまして」
あまり親しくない相手に お願いする場合	「ぶしつけなお願いで恐縮ですが」
	「ぶしつけながら」
	「まことに厚かましいお願いでございますが」
相手の提案・誘いを断る場合	「申し訳ございませんが」
	「（まことに）残念ながら」
	「せっかくのご依頼ではございますが」
	「たいへん恐縮ですが」
	「身に余るお言葉ですが」
	「まことに失礼とは存じますが」
	「たいへん心苦しいのですが」
	「お引き受けしたいのはやまやまですが」
問い合わせの場合	「つかぬことをうかがいますが」
	「突然のお尋ねで恐縮ですが」

ここでは文章の書き方における，一般的な敬称について言及している。はがき，手紙，メール等，通信手段はさまざま。それぞれの特性をふまえて有効活用しよう。

相手の気持ちになって
見やすく美しく書こう

■敬称のいろいろ

敬称	使う場面	例
様	職名・役職のない個人	（例）飯田知子様／ご担当者様／経理部長　佐藤一夫様
殿	職名・組織名・役職のある個人（公用文など）	（例）人事部長殿／教育委員会殿／田中四郎殿
先生	職名・役職のない個人	（例）松井裕子先生
御中	企業・団体・官公庁などの組織	（例）○○株式会社御中
各位	複数あてに同一文書を出すとき	（例）お客様各位／会員各位

Point

　封筒・はがきの表書き・裏書きは縦書きが基本だが，洋封筒で親しい人にあてる場合は，横書きでも問題ない。いずれにせよ，定まった位置に，丁寧な文字でバランス良く，正確に記すことが大切。特に相手の住所や名前を乱雑な文字で書くのは，配達の際の間違いを引き起こすだけでなく，受け取る側に不快な思いをさせる。相手の気持ちになって，見やすく美しく書くよう心がけよう。

■各通信手段の長所と短所

	長所	短所	用途
封書	・封を開けなければ本人以外の目に触れることがない。 ・丁寧な印象を受ける。	・多量の資料・画像送付には不向き。 ・相手に届くまで時間がかかる。	・儀礼的な文書(礼状・わび状など) ・目上の人あての文書 ・重要な書類 ・他人に内容を読まれたくない文書
はがき・カード	・封書よりも気軽にやり取りできる。 ・年賀状や季節の便り,旅先からの連絡など絵はがきとしても楽しむことができる。	・封に入っていないため,第三者の目に触れることがある。 ・中身が見えるので,改まった礼状やわび状,こみ入った内容には不向き。 ・相手に届くまで時間がかかる。	・通知状 ・案内状 ・送り状 ・旅先からの便り ・各種お祝い ・お礼 ・季節の挨拶
FAX	・手書きの図やイラストを文章といっしょに送れる。 ・すぐに届く。 ・控えが手元に残る。	・多量の資料の送付には不向き。 ・事務的な用途で使われることが多く,改まった内容の文書,初対面の人へは不向き。	・地図,イラストの入った文書 ・印刷物(本・雑誌など)
電話	・急ぎの連絡に便利。 ・相手の反応をすぐに確認できる。 ・直接声が聞けるので,安心感がある。	・連絡できる時間帯が制限される。 ・長々としたこみ入った内容は伝えづらい。	・緊急の用件 ・確実に用件を伝えたいとき
メール	・瞬時に届く。 ・控えが残る。 ・コストが安い。 ・大容量の資料や画像をデータで送ることができる。 ・一度に大勢の人に送ることができる。 ・相手の居場所や状況を気にせず送れる。	・事務的な印象を与えるので,改まった礼状やわび状には不向き。 ・パソコンや携帯電話を持っていない人には送れない。 ・ウィルスなどへの対応が必要。	・データで送りたいとき ・ビジネス上の連絡

ー*Point*ー

　はがきは手軽で便利だが,おわびやお願い,格式を重んじる手紙には不向きとなる。この種の手紙は内容もこみ入ったものとなり,加えて丁寧な文章で書かなければならないので,数行で済むことはまず考えられない。また,封筒に入っていないため,他人の目に触れるという難点もある。このように,はがきにも長所と短所があるため,使う場面や相手によって,他の通信手段と使い分けることが必要となる。

　はがき以外にも,封書・電話・FAX・メールなど,現代ではさまざまな通信手段がある。上に示したように,それぞれ長所と短所があるので,特徴を知って用途によって上手に使い分けよう。

社会人のマナーとして，電話応対のスキルは必要不可欠。まずは失礼なく電話に出ることからはじめよう。積極性が重要だ。

相手の顔が見えない分
対応には細心の注意を

■電話をかける場合

①　○○先生に電話をする

×「私，□□社の××と言いますが，○○様はおられますでしょうか？」

○「××と申しますが，○○様はいらっしゃいますか？」

「おられますか」は「おる」を謙譲語として使うため，通常は相手がいるかどうかに関しては，「いらっしゃる」を使うのが一般的。

②　相手の状況を確かめる

×「こんにちは，××です，先日のですね…」

○「××です，先日は有り難うございました，今お時間よろしいでしょうか？」

相手が忙しくないかどうか，状況を聞いてから話を始めるのがマナー。また，やむを得ず夜間や早朝，休日などに電話をかける際は，「夜分（朝早く）に申し訳ございません」「お休みのところ恐れ入ります」などのお詫びの言葉もひと言添えて話す。

③　相手が不在，何時ごろ戻るかを聞く場合

×「戻りは何時ごろですか？」

○「何時ごろお戻りになりますでしょうか？」

「戻り」はそのままの言い方，相手にはきちんと尊敬語を使う。

④　また自分からかけることを伝える

×「そうですか，ではまたかけますので」

○「それではまた後ほど（改めて）お電話させていただきます」

戻る時間がわかる場合は，「またお戻りになりましたころにでも」「また午後にでも」などの表現もできる。

■電話を受ける場合

① 電話を取ったら

×「はい，もしもし，○○（社名）ですが」
○「はい，○○（社名）でございます」

② 相手の名前を聞いて

×「どうも，どうも」
○「いつもお世話になっております」

　あいさつ言葉として定着している決まり文句ではあるが，日頃のお付き合いがあってこそ。あいさつ言葉もきちんと述べよう。「お世話様」という言葉も時折耳にするが，敬意が軽い言い方となる。適切な言葉を使い分けよう。

③ 相手が名乗らない

×「どなたですか？」「どちらさまですか？」
○「失礼ですが，お名前をうかがってもよろしいでしょうか？」

　名乗るのが基本だが，尋ねる態度も失礼にならないように適切な応対を心がけよう。

④ 電話番号や住所を教えてほしいと言われた場合

×「はい，いいでしょうか？」　　×「メモのご用意は？」
○「はい，申し上げます，よろしいでしょうか？」

　「メモのご用意は？」は，一見親切なようにも聞こえるが，尋ねる相手も用意していることがほとんど。押し付けがましくならない程度に。

⑤ 上司への取次を頼まれた場合

×「はい，今代わります」　　×「○○部長ですね，お待ちください」
○「部長の○○でございますね，ただいま代わりますので，少々お待ちくださいませ」

　○○部長という表現は，相手側の言い方となる。自分側を述べる場合は，「部長の○○」「○○」が適切。

Point

自分から電話をかける場合は，まずは自分の会社名や氏名を名乗るのがマナー。たとえ目的の相手が直接出た場合でも，電話では相手の様子が見えないことがほとんど。自分の勝手な判断で話し始めるのではなく，相手の都合を伺い，そのうえで話を始めるのが社会人として必要な気配りとなる。

時候の挨拶

月	漢語調の表現 候，みぎりなどを付けて用いられます	口語調の表現
1月 (睦月)	初春・新春　頌春・小寒・大寒・厳寒	皆様におかれましては，よき初春をお迎えのことと存じます／厳しい寒さが続いております／珍しく暖かな寒の入りとなりました／大寒という言葉通りの厳しい寒さでございます
2月 (如月)	春寒・余寒・残寒・立春・梅花・向春	立春とは名ばかりの寒さ厳しい毎日でございます／梅の花もちらほらとふくらみ始め，春の訪れを感じる今日この頃です／春の訪れが待ち遠しいこのごろでございます
3月 (弥生)	早春・浅春・春寒・春分・春暖	寒さもようやくゆるみ，日ましに春めいてまいりました／ひと雨ごとに春めいてまいりました／日増しに暖かさが加わってまいりました
4月 (卯月)	春暖・陽春・桜花・桜花爛漫	桜花爛漫の季節を迎えました／春光うららかな好季節となりました／花冷えとでも申しましょうか，何だか肌寒い日が続いております
5月 (皐月)	新緑・薫風・惜春・晩春・立夏・若葉	風薫るさわやかな季節を迎えました／木々の緑が目にまぶしいようでございます／目に青葉，山ほととぎす，初鰹の句も思い出される季節となりました
6月 (水無月)	梅雨・向暑・初夏・薄暑・麦秋	初夏の風もさわやかな毎日でございます／梅雨前線が近づいてまいりました／梅雨の晴れ間にのぞく青空は，まさに夏を思わせるようです
7月 (文月)	盛夏・大暑・炎暑・酷暑・猛暑	梅雨が明けたとたん，うだるような暑さが続いております／長い梅雨も明け，いよいよ本格的な夏がやってまいりました／風鈴の音がわずかに涼を運んでくれているようです
8月 (葉月)	残暑・晩夏・処暑・秋暑	立秋とはほんとうに名ばかりの厳しい暑さの毎日です／残暑たえがたい毎日でございます／朝夕はいくらかしのぎやすくなってまいりました
9月 (長月)	初秋・新秋・爽秋・新涼・清涼	九月に入りましてもなお，日差しの強い毎日です／暑さもやっとおとろえはじめたようでございます／残暑も去り，ずいぶんとしのぎやすくなってまいりました
10月 (神無月)	清秋・錦秋・秋涼・秋冷・寒露	秋風もさわやかな過ごしやすい季節となりました／街路樹の葉も日ごとに色を増しております／紅葉の便りの聞かれるころとなりました／秋深く，日増しに冷気も加わってまいりました
11月 (霜月)	晩秋・暮秋・霜降・初霜・向寒	立冬を迎え，まさに冬到来を感じる寒さです／木枯らしの季節になりました／日ごとに冷気が増すようでございます／朝夕はひときわ冷え込むようになりました
12月 (師走)	寒冷・初冬・師走・歳晩	師走を迎え，何かと慌ただしい日々をお過ごしのことと存じます／年の瀬も押しつまり，何かとお忙しくお過ごしのことと存じます／今年も残すところわずかとなりました，お忙しい毎日とお察しいたします

いますぐデキる
シチュエーション別会話例

シチュエーション1　取引先との会話

「非常に素晴らしいお話で感心しました」→NG！

　「感心する」は相手の立派な行為や，優れた技量などに心を動かされるという意味。意味としては間違いではないが，目上の人に用いると，偉そうに聞こえかねない表現。「感動しました」などに言い換えるほうが好ましい。

シチュエーション2　子どもとの会話

「お母さんは，明日はいますか？」→NG！

　たとえ子どもとの会話でも，子どもの年齢によっては，ある程度の敬語を使うほうが好ましい。「明日はいらっしゃいますか」では，むずかしすぎると感じるならば，「お出かけですか」などと表現することもできる。

シチュエーション3　同僚との会話

「今，お暇ですか」→NG？

　同じ立場同士なので，暇に「お」が付いた形で「お暇」ぐらいでも構わないともいえるが，「暇」というのは，するべきことも何もない時間という意味。そのため「お暇ですか」では，あまりにも直接的になってしまう。その意味では「手が空いている」→「空いていらっしゃる」→「お手透き」などに言い換えることで，やわらかく敬意も含んだ表現になる。

シチュエーション4　上司との会話

「なるほどですね」→NG！

　「なるほど」とは，相手の言葉を受けて，自分も同意見であることを表すため，相手の言葉・意見を自分が評価するというニュアンスも含まれている。そのため自分が評価して述べているという偉そうな表現にもなりかねない。同じ同意ならば，頷き「おっしゃる通りです」などの言葉のほうが誤解なく伝わる。

就活スケジュールシート

■年間スケジュールシート

1月	2月	3月	4月	5月	6月
企業関連スケジュール					
自己の行動計画					

就職活動をすすめるうえで，当然重要になってくるのは，自己のスケジュール管理だ。企業の選考スケジュールを把握することも大切だが，自分のペースで進めることになる自己分析や業界・企業研究，面接試験のトレーニング等の計画を立てることも忘れてはいけない。スケジュールシートに「記入」する作業を通して，短期・長期の両方の面から就職試験を考えるきっかけにしよう。

7月	8月	9月	10月	11月	12月
企業関連スケジュール					
自己の行動計画					

第**4**章

SPI対策

ほとんどの企業では，基本的な資質や能力を見極める
ため適性検査を実施しており，現在最も使われている
のがリクルートが開発した「SPI」である。

テストの内容は，「言語能力」「非言語能力」「性格」
の3つに分かれている。その人がどんな人物で，どん
な仕事で力を発揮しやすいのか，また，どんな組織に
なじみやすいかなどを把握するために行われる。

この章では，SPIの「言語能力」及び「非言語能力」の
分野で，頻出内容を絞って，演習問題を構成している。
演習問題に複数回チャレンジし，解説をしっかりと熟
読して，学習効果を高めよう。

SPI 対策

●SPIとは

　SPIは，Synthetic Personality Inventoryの略称で，株式会社リクルートが開発・販売を行っている就職採用向けのテストである。昭和49年から提供が始まり，平成14年と平成25年の2回改訂が行われ，現在はSPI3が最新になる。

　SPIは，応募者の仕事に対する適性，職業の適性能力，興味や関心を見極めるのに適しており，現在の就職採用テストでは主流となっている。

　SPIは，「知的能力検査」と「性格検査」の2領域にわけて測定され，知的能力検査は「言語能力検査（国語）」と「非言語能力検査（数学）」に分かれている。オプション検査として，「英語（ENG）検査」を実施することもある。性格適性検査では，性格を細かく分析するために，非常に多くの質問が出される。SPIの性格適性検査では，正式な回答はなく，全ての質問に正直に答えることが重要である。

　本章では，その中から，「言語能力検査」と「非言語能力検査」に絞って収録している。

●SPIを利用する企業の目的

　①：志望者から人数を絞る

　一部上場企業にもなると，数万単位の希望者が応募してくる。基本的な資質能力や会社への適性能力を見極めるため，SPIを使って，人数の絞り込みを行う。

　②：知的能力を見極める

　SPIは，応募者1人1人の基本的な知的能力を比較することができ，それによって，受検者の相対的な知的能力を見極めることが可能になる。

　③：性格をチェックする

　その職種に対する適性があるが，300程度の簡単な質問によって発想力やパーソナリティを見ていく。性格検査なので，正解というものはなく，正直に回答していくことが重要である。

●SPIの受検形式

SPIは，企業の会社説明会や会場で実施される「ペーパーテスト形式」と，パソコンを使った「テストセンター形式」とがある。

近年，ペーパーテスト形式は減少しており，ほとんどの企業が，パソコンを使ったテストセンター形式を採用している。志望する企業がどのようなテストを採用しているか，早めに確認し，対策を立てておくこと。

●SPIの出題形式

SPIは，言語分野，非言語分野，英語 (ENG)，性格適性検査に出題形式が分かれている。

科目	出題範囲・内容
言語分野	二語の関係，語句の意味，語句の用法，文の並び換え，空欄補充，熟語の成り立ち，文節の並び換え，長文読解　等
非言語分野	推論，場合の数，確率，集合，損益算，速度算，表の読み取り，資料の読み取り，長文読み取り　等
英語 (ENG)	同意語，反意語，空欄補充，英英辞書，誤文訂正，和文英訳，長文読解　等
性格適性検査	質問：300問程度　時間：約35分

●受検対策

本章では，出題が予想される問題を厳選して収録している。問題と解答だけではなく，詳細な解説も収録しているので，分からないところは複数回問題を解いてみよう。

言語分野

同音異義語

●**あいせき**
哀惜　死を悲しみ惜しむこと
愛惜　惜しみ大切にすること

●**いぎ**
意義　意味・内容・価値
異議　他人と違う意見
威儀　いかめしい挙動
異義　異なった意味

●**いし**
意志　何かをする積極的な気持ち
意思　しようとする思い・考え

●**いどう**
異同　異なり・違い・差
移動　場所を移ること
異動　地位・勤務の変更

●**かいこ**
懐古　昔を懐かしく思うこと
回顧　過去を振り返ること
解雇　仕事を辞めさせること

●**かいてい**
改訂　内容を改め直すこと
改定　改めて定めること

●**かんしん**
関心　気にかかること
感心　心に強く感じること
歓心　嬉しいと思う心

寒心　肝を冷やすこと

●**きてい**
規定　規則・定め
規程　官公庁などの規則

●**けんとう**
見当　だいたいの推測・判断・
　　　めあて
検討　調べ究めること

●**こうてい**
工程　作業の順序
行程　距離・みちのり

●**じき**
直　　すぐに
時期　時・折り・季節
時季　季節・時節
時機　適切な機会

●**しゅし**
趣旨　趣意・理由・目的
主旨　中心的な意味

●**たいけい**
体型　人の体格
体形　人や動物の形態
体系　ある原理に基づき個々のも
　　　のを統一したもの
大系　系統立ててまとめた叢書

●**たいしょう**

対象　行為や活動が向けられる相手

対称　対応する位置にあること

対照　他のものと照らし合わせること

●たんせい

端正　人の行状が正しくきちんとしているさま

端整　人の容姿が整っているさま

●はんざつ

繁雑　ごたごたと込み入ること

煩雑　煩わしく込み入ること

●ほしょう

保障　保護して守ること

保証　確かだと請け合うこと

補償　損害を補い償うこと

●むち

無知　知識・学問がないこと

無恥　恥を知らないこと

●ようけん

要件　必要なこと

用件　なすべき仕事

同訓漢字

●あう

合う…好みに合う。答えが合う。

会う…客人と会う。立ち会う。

遭う…事故に遭う。盗難に遭う。

●あげる

上げる…プレゼントを上げる。効果を上げる。

挙げる…手を挙げる。全力を挙げる。

揚げる…凧を揚げる。てんぷらを揚げる。

●あつい

暑い…夏は暑い。暑い部屋。

熱い…熱いお湯。熱い視線を送る。

厚い…厚い紙。面の皮が厚い。

篤い…志の篤い人。篤い信仰。

●うつす

写す…写真を写す。文章を写す。

映す…映画をスクリーンに映す。鏡に姿を映す。

●おかす

冒す…危険を冒す。病に冒された人。

犯す…犯罪を犯す。法律を犯す。

侵す…領空を侵す。プライバシーを侵す。

●おさめる

治める…領地を治める。水を治める。

収める…利益を収める。争いを収める。

修める…学問を修める。身を修める。

納める…税金を納める。品物を納める。

●かえる

変える…世界を変える。性格を変える。

代える…役割を代える。背に腹は代えられぬ。

替える…円をドルに替える。服を
　　　替える。

●きく

聞く…うわさ話を聞く。明日の天
　　　気を聞く。

聴く…音楽を聴く。講義を聴く。

●しめる

閉める…門を閉める。ドアを閉め
　　　る。

締める…ネクタイを締める。気を
　　　引き締める。

絞める…首を絞める。絞め技をか
　　　ける。

●すすめる

進める…足を進める。話を進める。

勧める…縁談を勧める。加入を勧
　　　める。

薦める…生徒会長に薦める。

●つく

付く…傷が付いた眼鏡。気が付く。

着く…待ち合わせ場所の公園に着
　　　く。地に足が着く。

就く…仕事に就く。外野の守備に
　　　就く。

●つとめる

務める…日本代表を務める。主役
　　　を務める。

努める…問題解決に努める。療養
　　　に努める。

勤める…大学に勤める。会社に勤
　　　める。

●のぞむ

望む…自分の望んだ夢を追いかけ
　　　る。

臨む…記者会見に臨む。決勝に臨
　　　む。

●はかる

計る…時間を計る。将来を計る。

測る…飛行距離を測る。水深を測
　　　る。

●みる

見る…月を見る。ライオンを見る。

診る…患者を診る。脈を診る。

演習問題

1　カタカナで記した部分の漢字として適切なものはどれか。

1　手続きがハンザツだ　　　　　　　【汎雑】

2　誤りをカンカすることはできない　【観過】

3　ゲキヤクなので取扱いに注意する　【激薬】

4　クジュウに満ちた選択だった　　　【苦重】

5　キセイの基準に従う　　　　　　　【既成】

2 下線部の漢字として適切なものはどれか。

家で飼っている熱帯魚を<u>かんしょう</u>する。

1 干渉
2 観賞
3 感傷
4 勧奨
5 鑑賞

3 下線部の漢字として適切なものはどれか。

彼に責任を<u>ついきゅう</u>する。

1 追窮
2 追究
3 追給
4 追求
5 追及

4 下線部の語句について，両方とも正しい表記をしているものはどれか。

1 私と母とは<u>相生</u>がいい。　　・この歌を<u>愛唱</u>している。
2 それは<u>規成</u>の事実である。　　・<u>既製品</u>を買ってくる。
3 <u>同音異義語</u>を見つける。　　・会議で<u>意議</u>を申し立てる。
4 選挙の<u>大勢</u>が決まる。　　・作曲家として<u>大成</u>する。
5 <u>無常</u>の喜びを味わう。　　・<u>無情</u>にも雨が降る。

5 下線部の漢字として適切なものはどれか。

彼の体調は<u>かいほう</u>に向かっている。

1 介抱
2 快方
3 解放
4 回報
5 開放

1 5

解説 1 「煩雑」が正しい。「汎」は「汎用(はんよう)」などと使う。
2 「看過」が正しい。「観」は「観光」や「観察」などと使う。 3 「劇薬」
が正しい。「少量の使用であってもはげしい作用のするもの」という意味
であるが「激」を使わないことに注意する。 4 「苦渋」が正しい。苦し
み悩むという意味で,「苦悩」と同意であると考えてよい。 5 「既成概
念」などと使う場合もある。同音で「既製」という言葉があるが, これは
「既製服」や「既製品」という言葉で用いる。

2 2

解説 同音異義語や同訓異字の問題は, その漢字を知っているだけで
は対処できない。「植物や魚などの美しいものを見て楽しむ」場合は「観
賞」を用いる。なお,「芸術作品」に関する場合は「鑑賞」を用いる。

3 5

解説 「ついきゅう」は, 特に「追究」「追求」「追及」が頻出である。「追
究」は「あることについて徹底的に明らかにしようとすること」,「追求」
は「あるものを手に入れようとすること」,「追及」は「後から厳しく調べ
ること」という意味である。ここでは,「責任」という言葉の後にあるので,
「厳しく」という意味が含まれている「追及」が適切である。

4 4

解説 1の「相生」は「相性」,2の「規成」は「既成」,3の「意議」は「異
議」,5の「無常」は「無上」が正しい。

5 2

解説 「快方」は「よい方向に向かっている」という意味である。なお,
1は病気の人の世話をすること, 3は束縛を解いて自由にすること, 4は
複数人で回し読む文書, 5は出入り自由として開け放つ, の意味。

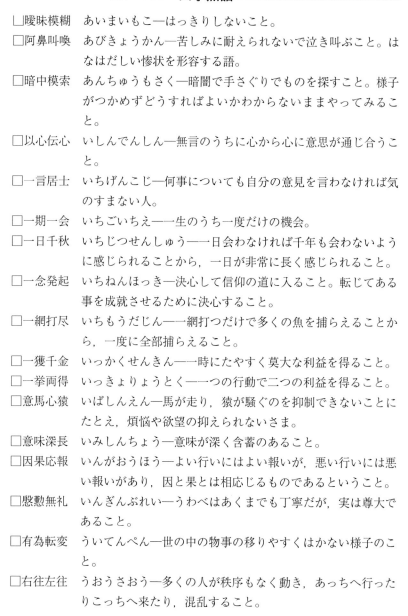

熟語

四字熟語

☐曖昧模糊　あいまいもこ―はっきりしないこと。

☐阿鼻叫喚　あびきょうかん―苦しみに耐えられないで泣き叫ぶこと。はなはだしい惨状を形容する語。

☐暗中模索　あんちゅうもさく―暗闇で手さぐりでものを探すこと。様子がつかめずどうすればよいかわからないままやってみること。

☐以心伝心　いしんでんしん―無言のうちに心から心に意思が通じ合うこと。

☐一言居士　いちげんこじ―何事についても自分の意見を言わなければ気のすまない人。

☐一期一会　いちごいちえ――生のうち一度だけの機会。

☐一日千秋　いちじつせんしゅう――日会わなければ千年も会わないように感じられることから，一日が非常に長く感じられること。

☐一念発起　いちねんほっき―決心して信仰の道に入ること。転じてある事を成就させるために決心すること。

☐一網打尽　いちもうだじん――網打つだけで多くの魚を捕らえることから，一度に全部捕らえること。

☐一獲千金　いっかくせんきん――時にたやすく莫大な利益を得ること。

☐一挙両得　いっきょりょうとく――つの行動で二つの利益を得ること。

☐意馬心猿　いばしんえん―馬が走り，猿が騒ぐのを抑制できないことにたとえ，煩悩や欲望の抑えられないさま。

☐意味深長　いみしんちょう―意味が深く含蓄のあること。

☐因果応報　いんがおうほう―よい行いにはよい報いが，悪い行いには悪い報いがあり，因と果とは相応じるものであるということ。

☐慇懃無礼　いんぎんぶれい―うわべはあくまでも丁寧だが，実は尊大であること。

☐有為転変　ういてんぺん―世の中の物事の移りやすくはかない様子のこと。

☐右往左往　うおうさおう―多くの人が秩序もなく動き，あっちへ行ったりこっちへ来たり，混乱すること。

□右顧左眄　うこさべん—右を見たり，左を見たり，周囲の様子ばかりうかがっていて決断しないこと。

□有象無象　うぞうむぞう—世の中の無形有形の一切のもの。たくさん集まったつまらない人々。

□海千山千　うみせんやません—経験を積み，その世界の裏まで知り抜いている老獪な人。

□紆余曲折　うよきょくせつ—まがりくねっていること。事情が込み入って，状況がいろいろ変化すること。

□雲散霧消　うんさんむしょう—雲や霧が消えるように，あとかたもなく消えること。

□栄枯盛衰　えいこせいすい—草木が繁り，枯れていくように，盛んになったり衰えたりすること。世の中の浮き沈みのこと。

□栄耀栄華　えいようえいが—権力や富貴をきわめ，おごりたかぶること。

□会者定離　えしゃじょうり—会う者は必ず離れる運命をもつということ。人生の無常を説いたことば。

□岡目八目　おかめはちもく—局外に立ち，第三者の立場で物事を観察すると，その是非や損失がよくわかるということ。

□温故知新　おんこちしん—古い事柄を究め新しい知識や見解を得ること。

□臥薪嘗胆　がしんしょうたん—たきぎの中に寝，きもをなめる意で，目的を達成するのために苦心，苦労を重ねること。

□花鳥風月　かちょうふうげつ—自然界の美しい風景，風雅のこころ。

□我田引水　がでんいんすい—自分の利益となるように発言したり行動したりすること。

□画竜点睛　がりょうてんせい—竜を描いて最後にひとみを描き加えたところ，天に上ったという故事から，物事を完成させるために最後に付け加える大切な仕上げ。

□夏炉冬扇　かろとうせん—夏の火鉢，冬の扇のようにその場に必要のない事物。

□危急存亡　ききゅうそんぼう—危機が迫ってこのまま生き残れるか滅びるかの瀬戸際。

□疑心暗鬼　ぎしんあんき—心の疑いが妄想を引き起こして実際にはいない鬼の姿が見えるようになることから，疑心が起こると何で

もないことまで恐ろしくなること。
□玉石混交　ぎょくせきこんこう―すぐれたものとそうでないものが入り
　　　　　　混じっていること。
□荒唐無稽　こうとうむけい―言葉や考えによりどころがなく，とりとめ
　　　　　　もないこと。
□五里霧中　ごりむちゅう―迷って考えの定まらないこと。
□針小棒大　しんしょうぼうだい―物事を大袈裟にいうこと。
□大同小異　だいどうしょうい―細部は異なっているが総体的には同じで
　　　　　　あること。
□馬耳東風　ばじとうふう―人の意見や批評を全く気にかけず聞き流すこ
　　　　　　と。
□波瀾万丈　はらんばんじょう―さまざまな事件が次々と起き，変化に富
　　　　　　むこと。
□付和雷同　ふわらいどう――一定の見識がなくただ人の説にわけもなく賛
　　　　　　同すること。
□粉骨砕身　ふんこつさいしん―力の限り努力すること。
□羊頭狗肉　ようとうくにく―外見は立派だが内容がともなわないこと。
□竜頭蛇尾　りゅうとうだび―初めは勢いがさかんだが最後はふるわない
　　　　　　こと。
□臨機応変　りんきおうへん―時と場所に応じて適当な処置をとること。

演習問題

1 「海千山千」の意味として適切なものはどれか。
　1　様々な経験を積み，世間の表裏を知り尽くしてずる賢いこと
　2　今までに例がなく，これからもあり得ないような非常に珍しいこと
　3　人をだまし丸め込む手段や技巧のこと
　4　一人で千人の敵を相手にできるほど強いこと
　5　広くて果てしないこと

2 四字熟語として適切なものはどれか。
1 竜頭堕尾
2 沈思黙考
3 孟母断危
4 理路正然
5 猪突猛伸

3 四字熟語の漢字の使い方がすべて正しいものはどれか。
1 純真無垢　　青天白日　　疑心暗鬼
2 短刀直入　　自我自賛　　危機一髪
3 厚顔無知　　思考錯誤　　言語同断
4 異句同音　　一鳥一石　　好機当来
5 意味深長　　興味深々　　五里霧中

4 「一蓮托生」の意味として適切なものはどれか。
1 一味の者を一度で全部つかまえること。
2 物事が順調に進行すること。
3 ほかの事に注意をそらさず，一つの事に心を集中させているさま。
4 善くても悪くても行動・運命をともにすること。
5 妥当なものはない。

5 故事成語の意味で適切なものはどれか。
「塞翁(さいおう)が馬」
1 たいして差がない
2 幸不幸は予測できない
3 肝心なものが欠けている
4 実行してみれば意外と簡単
5 努力がすべてむだに終わる

○○○解答・解説○○○

⓵ 1

解 説　2は「空前絶後」、3は「手練手管」、4は「一騎当千」、5は「広大無辺」である。

② 2

解 説　2の沈思黙考は、「思いにしずむこと。深く考えこむこと。」の意味である。なお、1は竜頭蛇尾(始めは勢いが盛んでも、終わりにはふるわないこと)、3は孟母断機(孟子の母が織りかけの織布を断って、学問を中途でやめれば、この断機と同じであると戒めた譬え)、4は理路整然(話や議論の筋道が整っていること)、5は猪突猛進(いのししのように向こう見ずに一直線に進むこと)が正しい。

③ 1

解 説　2は「単刀直入」「自画自賛」、3は「厚顔無恥」「試行錯誤」「言語道断」、4は「異口同音」「一朝一夕」「好機到来」、5は「興味津々」が正しい。四字熟語の意味を理解する際、どのような字で書かれているかを意識するとよい。

④ 4

解 説　「一蓮托生」は、よい行いをした者は天国に行き、同じ蓮の花の上に生まれ変わるという仏教の教えから、「(ことの善悪にかかわらず)仲間として行動や運命をともにすること」をいう。

⑤ 2

解 説　「塞翁が馬」は「人間万事塞翁が馬」と表す場合もある。1は「五十歩百歩」、3は「画竜点睛に欠く」、4は「案ずるより産むが易し」、5は「水泡に帰する」の故事成語の意味である。

語の使い方

文法

Ⅰ 品詞の種類

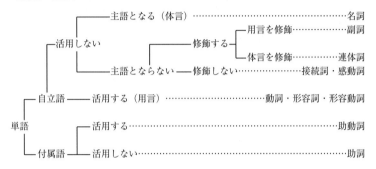

Ⅱ 動詞の活用形

活用	基本	語幹	未然	連用	終止	連体	仮定	命令
五段	読む	読	ま　も	み	む	む	め	め
上一段	見る	見	み	み	みる	みる	みれ	みよ
下一段	捨てる	捨	て	て	てる	てる	てれ	てよ　てろ
カ変	来る	来	こ	き	くる	くる	くれ	こい
サ変	する	す	さ　し　せ	し	する	する	すれ	せよ　しろ
	主な接続語		ナイ ウ・ヨウ	マス テ・タ	言い切る	コト トキ	バ	命令

Ⅲ 形容詞の活用形

基本	語幹	未然	連用	終止	連体	仮定	命令
美しい	うつくし	かろ	かっ　く	い	い	けれ	○
主な用法		ウ	ナル タ	言い切る	体言	バ	

Ⅳ 形容動詞の活用形

基本	語幹	未然	連用	終止	連体	仮定	命令
静かだ	静か	だろ	だっ　で　に	だ	な	なら	○
主な用法		ウ	タ　アル　ナル	言い切る	体言	バ	

V　文の成分

主語・述語の関係………花が ― 咲いた。

修飾・被修飾の関係……きれいな ― 花。

接続の関係………………花が咲いた<u>ので</u>，花見をした。

並立の関係………………<u>赤い花</u>と<u>白い花</u>。

補助の関係………………花が<u>咲いている</u>。（二文節で述語となっている）

〈副詞〉自立語で活用せず，単独で文節を作り，多く連用修飾語を作る。

状態を表すもの…………ついに・さっそく・しばらく・ぴったり・すっ
かり

程度を表すもの…………もっと・すこし・ずいぶん・ちょっと・ずっと

陳述の副詞………………決して〜ない・なぜ〜か・たぶん〜だろう・も
し〜ば

〈助動詞〉付属語で活用し，主として用言や他の助動詞について意味を添
える。

① 使役……せる・させる（学校に行か<u>せる</u>　服を着<u>させる</u>）

② 受身……れる・られる（先生に怒ら<u>れる</u>　人に見<u>られる</u>）

③ 可能……れる・られる（歩いて行か<u>れる</u>距離　まだ着<u>られる</u>服）

④ 自発……れる・られる（ふと思い出さ<u>れる</u>　容態が案じ<u>られる</u>）

⑤ 尊敬……れる・られる（先生が話<u>される</u>　先生が来<u>られる</u>）

⑥ 過去・完了……た（話を聞い<u>た</u>　公園で遊ん<u>だ</u>）

⑦ 打消……ない・ぬ（僕は知ら<u>ない</u>　知ら<u>ぬ</u>存ぜ<u>ぬ</u>）

⑧ 推量……だろう・そうだ（晴れる<u>だろう</u>　晴れ<u>そうだ</u>）

⑨ 意志……う・よう（旅行に行こ<u>う</u>　彼女に告白し<u>よう</u>）

⑩ 様態……そうだ（雨が降り<u>そうだ</u>）

⑪ 希望……たい・たがる（いっぱい遊び<u>たい</u>　おもちゃを欲し<u>がる</u>）

⑫ 断定……だ（悪いのは相手の方<u>だ</u>）

⑬ 伝聞……そうだ（試験に合格した<u>そうだ</u>）

⑭ 推定……らしい（明日は雨<u>らしい</u>）

⑮ 丁寧……です・ます（それはわたし<u>です</u>　ここにあり<u>ます</u>）

⑯ 打消推量・打消意志……まい（そんなことはある<u>まい</u>　けっして言
う<u>まい</u>）

〈助詞〉付属語で活用せず，ある語について，その語と他の語との関係を補助したり，意味を添えたりする。

① 格助詞……主として体言に付き，その語と他の語の関係を示す。

→が・の・を・に・へ・と・から・より・で・や

② 副助詞……いろいろな語に付いて，意味を添える。

→は・も・か・こそ・さえ・でも・しか・まで・ばかり・だけ・など

③ 接続助詞……用言・活用語に付いて，上と下の文節を続ける。

→ば・けれども・が・のに・ので・ても・から・たり・ながら

④ 終助詞……文末（もしくは文節の切れ目）に付いて意味を添える。

→なあ（感動）・よ（念押し）・な（禁止）・か（疑問）・ね（念押し）

演習問題

1 次のア〜オのうち，下線部の表現が適切でないものはどれか。

1 彼はいつもまわりに愛嬌をふりまいて，場を和やかにしてくれる。

2 的を射た説明によって，よく理解することができた。

3 舌先三寸で人をまるめこむのではなく，誠実に説明する。

4 この重要な役目は，彼女に白羽の矢が当てられた。

5 二の舞を演じないように，失敗から学ばなくてはならない。

2 次の文について，言葉の用法として適切なものはどれか。

1 矢折れ刀尽きるまで戦う。

2 ヘルプデスクに電話したが「分かりません」と繰り返すだけで取り付く暇もなかった。

3 彼の言動は肝に据えかねる。

4 彼は証拠にもなく何度も賭け事に手を出した。

5 適切なものはない。

3 下線部の言葉の用法として適切なものはどれか。

1 彼はのべつ暇なく働いている。

2 あの人の言動は常軌を失っている。

3 彼女は熱に泳がされている。

4 彼らの主張に対して間髪をいれずに反論した。

5 彼女の自分勝手な振る舞いに顔をひそめた。

4 次の文で，下線部が適切でないものはどれか。
1 ぼくの目標は，兄より早く走れるようになる<u>ること</u>です。
2 先生の<u>おっしゃること</u>をよく聞くのですよ。
3 昨日は家で本を読んだり，テレビを<u>見て</u>いました。
4 風にざわめく木々は，まるで私たちにあいさつをしている<u>ようだった</u>。
5 先生の業績については，よく<u>存じております</u>。

5 下線部の言葉の用法が適切でないものはどれか。
1 <u>急いては事を仕損じる</u>ので，マイペースを心がける。
2 彼女は<u>目端が利く</u>。
3 <u>世知辛い</u>世の中になったものだ。
4 安全を<u>念頭に置いて</u>作業を進める。
5 次の試験に<u>標準を合わせて</u>勉強に取り組む。

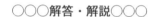
○○○解答・解説○○○

1 4
解説 1の「愛嬌をふりまく」は，おせじなどをいい，明るく振る舞うこと，2の「的を射る」は的確に要点をとらえること，3の「舌先三寸」は口先だけの巧みに人をあしらう弁舌のこと，4はたくさんの中から選びだされるという意味だが，「白羽の矢が当てられた」ではなく，「白羽の矢が立った」が正しい。5の「二の舞を演じる」は他人がした失敗を自分もしてしまうという意味である。

2 5
解説 1「刀折れ矢尽きる」が正しく，「なす術がなくなる」という意味である。 2 話を進めるきっかけが見つからない。すがることができない，という意味になるのは「取り付く島がない」が正しい。 3 「言動」という言葉から，「我慢できなくなる」という意味の言葉を使う必要がある。「腹に据えかねる」が正しい。 4 「何度も賭け事に手を出した」という部分から「こりずに」という意味の「性懲りもなく」が正しい。

3 4

解説 1「のべつ幕なしに」，2は「常軌を逸している」，3は「熱に浮かされている」，5は「眉をひそめた」が正しい。

4 3

解説 3は前に「読んだり」とあるので，後半も「見たり」にしなければならないが，「見ていました」になっているので表現として適当とはいえない。

5 5

解説 5は，「狙う，見据える」という意味の「照準」を使い，「照準を合わせて」と表記するのが正しい。

非言語分野

計算式・不等式

演習問題

1 分数 $\dfrac{30}{7}$ を小数で表したとき，小数第100位の数字として正しいものはどれか。

  1 1   2 2   3 4   4 5   5 7

2 $x = \sqrt{2} - 1$ のとき，$x + \dfrac{1}{x}$ の値として正しいものはどれか。

  1 $2\sqrt{2}$ 2 $2\sqrt{2} - 2$ 3 $2\sqrt{2} - 1$ 4 $3\sqrt{2} - 3$
  5 $3\sqrt{2} - 2$

3 360の約数の総和として正しいものはどれか。

  1 1060   2 1170   3 1250   4 1280   5 1360

4 $\dfrac{x}{2} = \dfrac{y}{3} = \dfrac{z}{5}$ のとき，$\dfrac{x - y + z}{3x + y - z}$ の値として正しいものはどれか。

  1 -2 2 -1 3 $\dfrac{1}{2}$ 4 1   5 $\dfrac{3}{2}$

5 $\dfrac{\sqrt{2}}{\sqrt{2} - 1}$ の整数部分を a，小数部分を b とするとき，$a \times b$ の値として正しいものは次のうちどれか。

  1 $\sqrt{2}$ 2 $2\sqrt{2} - 2$ 3 $2\sqrt{2} - 1$ 4 $3\sqrt{2} - 3$
  5 $3\sqrt{2} - 2$

6 $x = \sqrt{5} + \sqrt{2}$，$y = \sqrt{5} - \sqrt{2}$ のとき，$x^2 + xy + y^2$ の値として正しいものはどれか。

  1 15   2 16   3 17   4 18   5 19

$\dfrac{\sqrt{2}}{\sqrt{2}-1}$ の整数部分をa, 小数部分をbとするとき, b^2の値として正しいものはどれか。

    1 $2-\sqrt{2}$ 2 $1+\sqrt{2}$ 3 $2+\sqrt{2}$ 4 $3+\sqrt{2}$

    5 $3-2\sqrt{2}$

8 ある中学校の生徒全員のうち, 男子の7.5%, 女子の6.4%を合わせて37人がバドミントン部員であり, 男子の2.5%, 女子の7.2%を合わせて25人が吹奏楽部員である。この中学校の女子全員の人数は何人か。

    1 246人   2 248人   3 250人   4 252人   5 254人

9 連続した3つの正の偶数がある。その小さい方2数の2乗の和は, 一番大きい数の2乗に等しいという。この3つの数のうち, 最も大きい数として正しいものはどれか。

    1 6   2 8   3 10   4 12   5 14

○○○解答・解説○○○

1 5

解説 実際に30を7で割ってみると, $\dfrac{30}{7}=4.28571428571\cdots\cdots$ となり, 小数点以下は, 6つの数字 "285714" が繰り返されることがわかる。$100\div6=16$余り4だから, 小数第100位は, "285714" のうちの4つ目の "7" である。

2 1

解説 $x=\sqrt{2}-1$を$x+\dfrac{1}{x}$に代入すると,

$$x+\dfrac{1}{x}=\sqrt{2}-1+\dfrac{1}{\sqrt{2}-1}=\sqrt{2}-1+\dfrac{\sqrt{2}+1}{(\sqrt{2}-1)(\sqrt{2}+1)}$$

$$=\sqrt{2}-1+\dfrac{\sqrt{2}+1}{2-1}$$

$$=\sqrt{2}-1+\sqrt{2}+1=2\sqrt{2}$$

3 2

解説 360を素因数分解すると，$360 = 2^3 \times 3^2 \times 5$ であるから，約数の総和は $(1 + 2 + 2^2 + 2^3)(1 + 3 + 3^2)(1 + 5) = (1 + 2 + 4 + 8)(1 + 3 + 9)(1 + 5) = 15 \times 13 \times 6 = 1170$ である。

4 4

解説 $\dfrac{x}{2} = \dfrac{y}{3} = \dfrac{z}{5} = A$ とおく。

$x = 2A$, $y = 3A$, $z = 5A$ となるから，

$x - y + z = 2A - 3A + 5A = 4A$, $3x + y - z = 6A + 3A - 5A = 4A$

したがって，$\dfrac{x - y + z}{3x + y - z} = \dfrac{4A}{4A} = 1$ である。

5 4

解説 分母を有理化する。

$\dfrac{\sqrt{2}}{\sqrt{2} - 1} = \dfrac{\sqrt{2}(\sqrt{2} + 1)}{(\sqrt{2} - 1)(\sqrt{2} + 1)} = \dfrac{2 + \sqrt{2}}{2 - 1} = 2 + \sqrt{2} = 2 + 1.414\cdots = 3.414\cdots$

であるから，$a = 3$ であり，$b = (2 + \sqrt{2}) - 3 = \sqrt{2} - 1$ となる。

したがって，$a \times b = 3(\sqrt{2} - 1) = 3\sqrt{2} - 3$

6 3

解説 $(x + y)^2 = x^2 + 2xy + y^2$ であるから，

$x^2 + xy + y^2 = (x + y)^2 - xy$ と表せる。

ここで，$x + y = (\sqrt{5} + \sqrt{2}) + (\sqrt{5} - \sqrt{2}) = 2\sqrt{5}$,

$xy = (\sqrt{5} + \sqrt{2})(\sqrt{5} - \sqrt{2}) = 5 - 2 = 3$

であるから，求める $(x + y)^2 - xy = (2\sqrt{5})^2 - 3 = 20 - 3 = 17$

7 5

解説 分母を有理化すると，

$\dfrac{\sqrt{2}}{\sqrt{2} - 1} = \dfrac{\sqrt{2}(\sqrt{2} + 1)}{(\sqrt{2} - 1)(\sqrt{2} + 1)} = \dfrac{2 + \sqrt{2}}{2 - 1} = 2 + \sqrt{2}$

$\sqrt{2} = 1.4142\cdots\cdots$ であるから，$2 + \sqrt{2} = 2 + 1.4142\cdots\cdots = 3.14142\cdots\cdots$

したがって，$a = 3$，$b = 2 + \sqrt{2} - 3 = \sqrt{2} - 1$ といえる。

したがって，$b^2 = (\sqrt{2} - 1)^2 = 2 - 2\sqrt{2} + 1 = 3 - 2\sqrt{2}$ である。

$\boxed{8}$ 3

解説 男子全員の人数をx，女子全員の人数をyとする。

$0.075x + 0.064y = 37\cdots$①

$0.025x + 0.072y = 25\cdots$②

①－②×3より

$$\left.\begin{array}{r}\left\{\begin{array}{l}0.075x + 0.064y = 37\cdots① \\ 0.075x + 0.216y = 75\cdots②'\end{array}\right. \\ -\ ) \hspace{4.2cm} \end{array}\right.$$
$$-0.152y = -38$$

∴ $152y = 38000$ ∴ $y = 250$ $x = 280$

よって，女子全員の人数は250人。

$\boxed{9}$ 3

解説 3つのうちの一番小さいものを$x(x>0)$とすると，連続した3つの正の偶数は，x，$x+2$，$x+4$であるから，与えられた条件より，次の式が成り立つ。$x^2+(x+2)^2=(x+4)^2$ かっこを取って，$x^2+x^2+4x+4=x^2+8x+16$ 整理して，$x^2-4x-12=0$ よって，$(x+2)(x-6)=0$ よって，$x=-2$, 6 $x>0$だから，$x=6$である。したがって，3つの偶数は，6, 8, 10である。このうち最も大きいものは，10である。

演習問題

1 家から駅までの道のりは30kmである。この道のりを，初めは時速5km，途中から，時速4kmで歩いたら，所要時間は7時間であった。時速5kmで歩いた道のりとして正しいものはどれか。

  1 8km   2 10km   3 12km   4 14km   5 15km

2 横の長さが縦の長さの2倍である長方形の厚紙がある。この厚紙の四すみから，一辺の長さが4cmの正方形を切り取って，折り曲げ，ふたのない直方体の容器を作る。その容積が64cm³のとき，もとの厚紙の縦の長さとして正しいものはどれか。

  1 $6-2\sqrt{3}$ 2 $6-\sqrt{3}$ 3 $6+\sqrt{3}$ 4 $6+2\sqrt{3}$
  5 $6+3\sqrt{3}$

3 縦50m，横60mの長方形の土地がある。この土地に，図のような直角に交わる同じ幅の通路を作る。通路の面積を土地全体の面積の$\dfrac{1}{3}$以下にするには，通路の幅を何m以下にすればよいか。

  1 8m   2 8.5m   3 9m   4 10m
  5 10.5m

4 下の図のような，曲線部分が半円で，1周の長さが240mのトラックを作る。中央の長方形ABCDの部分の面積を最大にするには，直線部分ADの長さを何mにすればよいか。次から選べ。

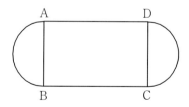

  1 56m   2 58m   3 60m   4 62m   5 64m

5 AとBの2つのタンクがあり，Aには8m³，Bには5m³の水が入っている。Aには毎分1.2m³，Bには毎分0.5m³ずつの割合で同時に水を入れ始めると，Aの水の量がBの水の量の2倍以上になるのは何分後からか。正しいものはどれか。

　1　8分後　　2　9分後　　3　10分後　　4　11分後　　5　12分後

○○○解答・解説○○○

1 2

解説 時速5kmで歩いた道のりを$x$kmとすると，時速4kmで歩いた道のりは，$(30-x)$kmであり，時間＝距離÷速さ　であるから，次の式が成り立つ。

$$\frac{x}{5}+\frac{30-x}{4}=7$$

両辺に20をかけて，$4x+5(30-x)=7\times20$

整理して，$4x+150-5x=140$

　よって，$x=10$ である。

2 4

解説 厚紙の縦の長さを$x$cmとすると，横の長さは$2x$cmである。また，このとき，容器の底面は，縦$(x-8)$cm，横$(2x-8)$cmの長方形で，容器の高さは4cmである。

厚紙の縦，横，及び，容器の縦，横の長さは正の数であるから，

　$x>0,\ x-8>0,\ 2x-8>0$

すなわち，$x>8$……①

容器の容積が64cm³であるから，

$4(x-8)(2x-8)=64$ となり，

　$(x-8)(2x-8)=16$

これより，$(x-8)(x-4)=8$

$x^2-12x+32=8$ となり，$x^2-12x+24=0$

よって，$x=6\pm\sqrt{6^2-24}=6\pm\sqrt{12}=6\pm2\sqrt{3}$

このうち①を満たすものは，$x=6+2\sqrt{3}$

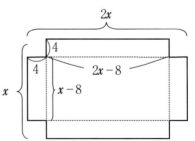

3 4

解 説　通路の幅をxmとすると，$0<x<50$……①

また，$50x+60x-x^2\leqq1000$

よって，$(x-10)(x-100)\geqq0$

したがって，$x\leqq10$，$100\leqq x$……②

①②より，$0<x\leqq10$　つまり，10m以下。

4 3

解 説　直線部分ADの長さをxmとおくと，$0<2x<240$より，

xのとる値の範囲は，$0<x<120$である。

半円の半径をrmとおくと，

$2\pi r=240-2x$より，

$r=\dfrac{120}{\pi}-\dfrac{x}{\pi}=\dfrac{1}{\pi}(120-x)$

長方形ABCDの面積をym²とすると，

$y=2r\cdot x=2\cdot\dfrac{1}{\pi}(120-x)x$

$\quad=-\dfrac{2}{\pi}(x^2-120x)$

$\quad=-\dfrac{2}{\pi}(x-60)^2+\dfrac{7200}{\pi}$

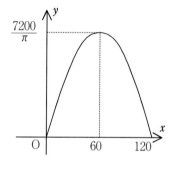

この関数のグラフは，図のようになる。yは$x=60$のとき最大となる。

5 3

解 説　x分後から2倍以上になるとすると，題意より次の不等式が成り立つ。

$\qquad 8+1.2x\geqq2(5+0.5x)$

かっこをはずして，$8+1.2x\geqq10+x$

整理して，$0.2x\geqq2$　よって，$x\geqq10$

つまり10分後から2倍以上になる。

演習問題

1 1個のさいころを続けて3回投げるとき，目の和が偶数になるような場合は何通りあるか。正しいものを選べ。

  1 106通り   2 108通り   3 110通り   4 112通り

  5 115通り

2 A，B，C，D，E，Fの6人が2人のグループを3つ作るとき，AとBが同じグループになる確率はどれか。正しいものを選べ。

  1 $\dfrac{1}{6}$ 2 $\dfrac{1}{5}$ 3 $\dfrac{1}{4}$ 4 $\dfrac{1}{3}$ 5 $\dfrac{1}{2}$

○○○解答・解説○○○

1 2

解説 和が偶数になるのは，3回とも偶数の場合と，偶数が1回で，残りの2回が奇数の場合である。さいころの目は，偶数と奇数はそれぞれ3個だから，

  (1) 3回とも偶数：$3 \times 3 \times 3 = 27$〔通り〕

  (2) 偶数が1回で，残りの2回が奇数

    ・偶数/奇数/奇数：$3 \times 3 \times 3 = 27$〔通り〕

    ・奇数/偶数/奇数：$3 \times 3 \times 3 = 27$〔通り〕

    ・奇数/奇数/偶数：$3 \times 3 \times 3 = 27$〔通り〕

したがって，合計すると，$27 + (27 \times 3) = 108$〔通り〕である。

2 2

解説 A，B，C，D，E，Fの6人が2人のグループを3つ作るときの，すべての作り方は$\dfrac{{}_6C_2 \times {}_4C_2}{3!} = 15$通り。このうち，AとBが同じグループになるグループの作り方は$\dfrac{{}_4C_2}{2!} = 3$通り。よって，求める確率は$\dfrac{3}{15} = \dfrac{1}{5}$である。

演習問題

1 次の図で，直方体ABCD－EFGHの辺 AB，BCの中点をそれぞれ M，Nとする。この直方体を3点M，F，Nを通る平面で切り，頂点B を含むほうの立体をとりさる。AD＝DC ＝8cm，AE＝6cmのとき，△MFN の 面積として正しいものはどれか。

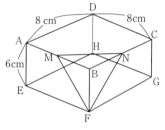

1 $3\sqrt{22}$ 〔cm²〕　　2 $4\sqrt{22}$ 〔cm²〕
3 $5\sqrt{22}$ 〔cm²〕　　4 $4\sqrt{26}$ 〔cm²〕
5 $4\sqrt{26}$ 〔cm²〕

2 右の図において，四角形ABCDは円に内 接しており，弧BC＝弧CDである。AB，AD の延長と点Cにおけるこの円の接線との交点 をそれぞれP，Qとする。AC＝4cm，CD＝ 2cm，DA＝3cmとするとき，△BPCと△ APQの面積比として正しいものはどれか。

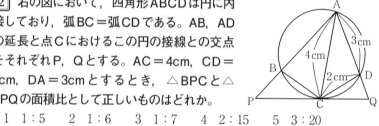

1 1:5　　2 1:6　　3 1:7　　4 2:15　　5 3:20

3 1辺の長さが15のひし形がある。その対角線の長さの差は6である。 このひし形の面積として正しいものは次のどれか。

1 208　　2 210　　3 212　　4 214　　5 216

4 右の図において，円C_1の 半径は2，円C_2の半径は5，2 円の中心間の距離は$O_1O_2＝9$ である。2円の共通外接線lと2 円C_1, C_2との接点をそれぞれA, Bとするとき，線分ABの長さ として正しいものは次のどれ か。

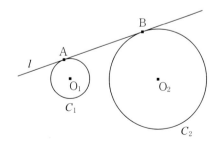

1 $3\sqrt{7}$　　2 8　　3 $6\sqrt{2}$　　4 $5\sqrt{3}$　　5 $4\sqrt{5}$

5 下の図において，点Eは，平行四辺形ABCDの辺BC上の点で，AB＝AEである。また，点Fは，線分AE上の点で，∠AFD＝90°である。∠ABE＝70°のとき，∠CDFの大きさとして正しいものはどれか。

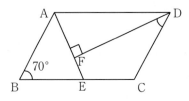

1　48°　　2　49°　　3　50°　　4　51°　　5　52°

6 底面の円の半径が4で，母線の長さが12の直円すいがある。この円すいに内接する球の半径として正しいものは次のどれか。

1　$2\sqrt{2}$

2　3

3　$2\sqrt{3}$

4　$\dfrac{8}{3}\sqrt{2}$

5　$\dfrac{8}{3}\sqrt{3}$

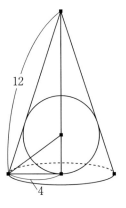

○○○解答・解説○○○

1 2

解説　△MFNはMF＝NFの二等辺三角形。MB＝$\dfrac{8}{2}$＝4，BF＝6より，

MF^2＝4^2＋6^2＝52

また，MN＝$4\sqrt{2}$

FからMNに垂線FTを引くと，△MFTで三平方の定理より，

FT^2＝MF^2－MT^2＝52－$\left(\dfrac{4\sqrt{2}}{2}\right)^2$＝52－8＝44

よって，FT＝$\sqrt{44}$＝$2\sqrt{11}$

したがって，△MFN＝$\dfrac{1}{2}$・$4\sqrt{2}$・$2\sqrt{11}$＝$4\sqrt{22}$〔cm²〕

2 3

解説　∠PBC ＝∠CDA，∠PCB ＝∠BAC ＝∠CAD から，
△BPC∽△DCA
相似比は2：3，面積比は，4：9
また，△CQD∽△AQC で，相似比は1：2，面積比は1：4
したがって，△DCA：△AQC ＝3：4
よって，△BPC：△DCA：△AQC ＝4：9：12
さらに，△BPC∽△CPA で，相似比1：2，面積比1：4
よって，△BPC：△APQ ＝4：(16＋12) ＝4：28 ＝1：7

3 5

解説　対角線のうちの短い方の長さの半分の長さを x とすると，長い方の対角線の長さの半分は，$(x＋3)$ と表せるから，三平方の定理より次の式がなりたつ。

$$x^2＋(x＋3)^2 ＝15^2$$

整理して，$2x^2＋6x－216＝0$　よって，$x^2＋3x－108＝0$
$(x－9)(x＋12)＝0$ より，$x＝9，－12$　x は正だから，$x＝9$ である。
したがって，求める面積は，$4×\dfrac{9×(9＋3)}{2}＝216$

4 5

解説　円の接線と半径より
$O_1A \perp l$，$O_2B \perp l$ であるから，
点 O_1 から線分 O_2B に垂線 O_1H を
下ろすと，四角形 AO_1HB は長方
形で，
　$HB ＝O_1A ＝2$ だから，
$O_2H ＝3$
△O_1O_2H で三平方の定理より，
　$O_1H ＝\sqrt{9^2－3^2}＝6\sqrt{2}$
　よって，$AB ＝O_1H ＝6\sqrt{2}$

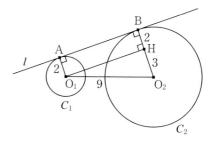

3

解説 ∠AEB＝∠ABE＝70° より，∠AEC＝180－70＝110°

また，∠ABE＋∠ECD＝180° より，∠ECD＝110°

四角形FECDにおいて，四角形の内角の和は360° だから，

∠CDF＝360°－(90°＋110°＋110°)＝50°

1

解説 円すいの頂点をA，球の中心を
O，底面の円の中心をHとする。3点A，O，
Hを含む平面でこの立体を切断すると，
断面は図のような二等辺三角形とその内
接円であり，求めるものは内接円の半径
OHである。

△ABHで三平方の定理より，

AH＝$\sqrt{12^2-4^2}$＝$8\sqrt{2}$

Oは三角形ABCの内心だから，BO
は∠ABHの2等分線である。

よって，AO：OH＝BA：BH＝3：1

OH＝$\dfrac{1}{4}$AH＝$2\sqrt{2}$

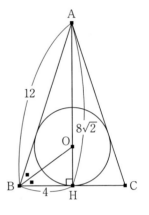

●情報提供のお願い●

　就職活動研究会では，就職活動に関する情報を募集しています。

　エントリーシートやグループディスカッション，面接，筆記試験の内容等について情報をお寄せください。ご応募はメールアドレス（edit@kyodo-s.jp）へお願いいたします。お送りくださいました方々には薄謝をさしあげます。

　ご協力よろしくお願いいたします。

会社別就活ハンドブックシリーズ

博報堂 DY の
就活ハンドブック

編　者	就職活動研究会
発　行	令和 6 年 2 月 25 日
発行者	小貫輝雄
発行所	協同出版株式会社

〒 101 − 0054
東京都千代田区神田錦町2 − 5
電話　03 − 3295 − 1341
振替　東京00190 − 4 − 94061

印刷所　協同出版・POD 工場

落丁・乱丁はお取り替えいたします

●2025年度版●
会社別就活ハンドブックシリーズ
【全111点】

運　輸

東日本旅客鉄道の就活ハンドブック

東海旅客鉄道の就活ハンドブック

西日本旅客鉄道の就活ハンドブック

東京地下鉄の就活ハンドブック

小田急電鉄の就活ハンドブック

阪急阪神 HD の就活ハンドブック

商船三井の就活ハンドブック

日本郵船の就活ハンドブック

機　械

三菱重工業の就活ハンドブック

川崎重工業の就活ハンドブック

IHI の就活ハンドブック

島津製作所の就活ハンドブック

浜松ホトニクスの就活ハンドブック

村田製作所の就活ハンドブック

クボタの就活ハンドブック

金　融

三菱 UFJ 銀行の就活ハンドブック

三菱 UFJ 信託銀行の就活ハンドブック

みずほ FG の就活ハンドブック

三井住友銀行の就活ハンドブック

三井住友信託銀行の就活ハンドブック

野村證券の就活ハンドブック

りそなグループの就活ハンドブック

ふくおか FG の就活ハンドブック

日本政策投資銀行の就活ハンドブック

建設・不動産

三菱地所の就活ハンドブック

三井不動産の就活ハンドブック

積水ハウスの就活ハンドブック

大和ハウス工業の就活ハンドブック

鹿島建設の就活ハンドブック

大成建設の就活ハンドブック

清水建設の就活ハンドブック

資源・素材

旭旭化成グループの就活ハンドブック

東レの就活ハンドブック

ワコールの就活ハンドブック

関西電力の就活ハンドブック

日本製鉄の就活ハンドブック

中部電力の就活ハンドブック

九州電力の就活ハンドブック

自動車

トヨタ自動車の就活ハンドブック デンソーの就活ハンドブック

本田技研工業の就活ハンドブック 日産自動車の就活ハンドブック

商　社

三菱商事の就活ハンドブック 伊藤忠商事の就活ハンドブック

住友商事の就活ハンドブック 双日の就活ハンドブック

丸紅の就活ハンドブック 豊田通商の就活ハンドブック

三井物産の就活ハンドブック

情報通信・IT

NTT データの就活ハンドブック サイバーエージェントの就活ハンドブック

NTT ドコモの就活ハンドブック LINE ヤフーの就活ハンドブック

野村総合研究所の就活ハンドブック SCSK の就活ハンドブック

日本電信電話の就活ハンドブック 富士ソフトの就活ハンドブック

KDDI の就活ハンドブック 日本オラクルの就活ハンドブック

ソフトバンクの就活ハンドブック GMO インターネットグループ

楽天の就活ハンドブック オービックの就活ハンドブック

mixi の就活ハンドブック DTS の就活ハンドブック

グリーの就活ハンドブック TIS の就活ハンドブック

食品・飲料

サントリー HD の就活ハンドブック 日本たばこ産業 の就活ハンドブック

味の素の就活ハンドブック 日清食品グループの就活ハンドブック

キリン HD の就活ハンドブック 山崎製パンの就活ハンドブック

アサヒグループ HD の就活ハンドブック キユーピーの就活ハンドブック

生活用品

資生堂の就活ハンドブック 武田薬品工業の就活ハンドブック

花王の就活ハンドブック

電気機器

三菱電機の就活ハンドブック	パナソニックの就活ハンドブック
ダイキン工業の就活ハンドブック	富士通の就活ハンドブック
ソニーの就活ハンドブック	キヤノンの就活ハンドブック
日立製作所の就活ハンドブック	京セラの就活ハンドブック
ＮＥＣの就活ハンドブック	オムロンの就活ハンドブック
富士フイルム HD の就活ハンドブック	キーエンスの就活ハンドブック

保　険

東京海上日動火災保険の就活ハンドブック	三井住友海上火災保険の就活ハンドブック
第一生命ホールディングスの就活ハンドブック	損保ジャパンの就活ハンドブック

メディア

日本印刷の就活ハンドブック	エイベックスの就活ハンドブック
博報堂 DY の就活ハンドブック	東宝の就活ハンドブック
TOPPAN ホールディングスの就活ハンドブック	

流通・小売

ニトリ HD の就活ハンドブック	ZOZO の就活ハンドブック
イオンの就活ハンドブック	

エンタメ・レジャー

オリエンタルランドの就活ハンドブック	任天堂の就活ハンドブック
アシックスの就活ハンドブック	カプコンの就活ハンドブック
バンダイナムコ HD の就活ハンドブック	セガサミー HD の就活ハンドブック
コナミグループの就活ハンドブック	タカラトミーの就活ハンドブック
スクウェア・エニックス HD の就活ハンドブック	

▼会社別就活ハンドブックシリーズにつきましては，協同出版のホームページからもご注文ができます。詳細は下記のサイトでご確認下さい。

https://kyodo-s.jp/examination_company